JN236699

こだわりカフェを開く

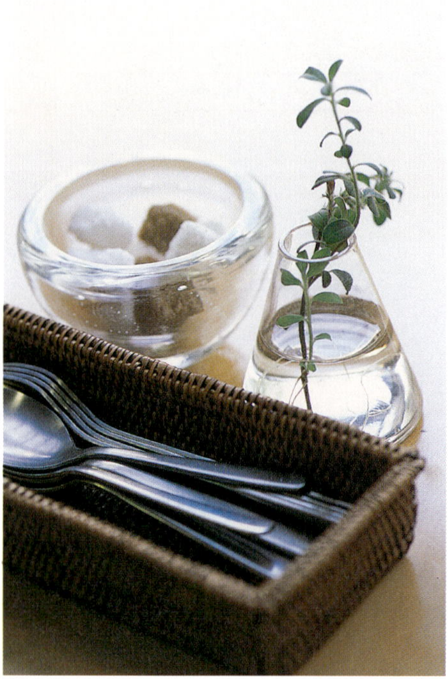

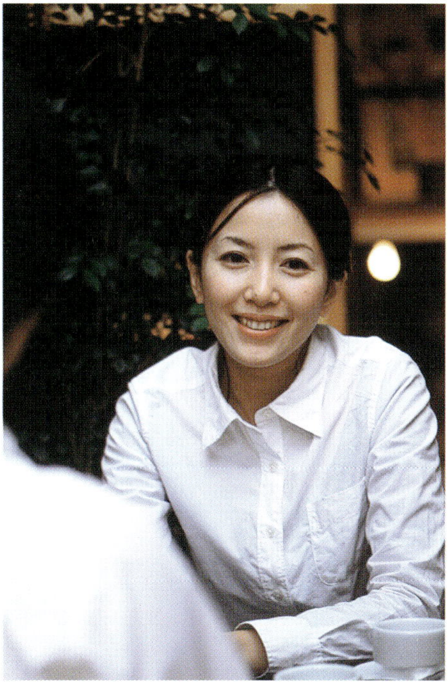

はじめに

ぺりかん社より、『こだわりカフェを開く』をお届けします。本書は、実際にカフェを開業したいという人へ向けた参考書という性格をもっています。

ここで取り上げるカフェとは、かなり幅広いスタイルを含んでいます。コーヒーショップ的なカフェもありますし、朝食からランチ、ティータイムからディナー、アフターディナーにはお酒を楽しむこともできるマルチタイプのカフェもあります。また、自家製ケーキとコーヒーや紅茶を売りとするカフェや、日本茶と和めしをテーマにした和カフェ、雑貨との複合カフェなど、ひと口にカフェといっても、定義するのが困難なほど幅広いスタイルがあります。本書では、このような独立開業のカフェを8店舗、ケーススタディとして取り上げています。

ところで、これからカフェを開いてみたいと思っている人は、「カフェは、入り口は広い商売だが出口は狭い」ということをぜひ認識しておいてください。最近、「カフェ」という語感からか、何か「雰囲気」とか「内装のデザイン」など、カフェを「ひとつの空間を売るビジネス」と考える傾向があります。もちろんカフェには、人々がちょっとしたくつろぎを求めて訪れるわけですから、雰囲気や内装デザインは、欠かすことのできない大切な要素ではあります。しかしそれだけではありません。人々がわざわざカフェは、一方で飲んだり食べたりといった、飲食ビジネスの側面を持っています。しかしそれだけではありません。人々がわざわざ安らぎやくつろぎを求めて足を運んでくるわけですから、そうしたお客さまを心から温かくもてなすサービスも大切なのです。

つまりカフェビジネスの根底には、安らげる空間と雰囲気、満足できるメニュー、そして心のこもったもてなしサービスの3つの要素があるのです。

たしかにカフェは、ドリンクと軽食といった簡単なメニュー構成でも成り立ちます。そのため一見、素人でも参入しやすく思える面もあります。しかし、入りやすい商売ほど実は難しいものなのです。

5-4

提供されるメニューは簡便なものでも、おいしいものを提供するのは簡単なことではありません。コーヒーや紅茶、ケーキといったものは、誰もが日常的に慣れ親しんでいます。そういうふだん食べ慣れている食べ物ほど、人々の評価は厳しさを増してくるのです。自信のある人はぜひ果敢に挑戦してほしいのです。しかしそのためには、周到な準備が必要です。

飲食店ならば共通して「味と雰囲気とサービス」が三位一体となってはじめて成り立ちます。独立開業とはいっても、ひとたびお店を開けば、プロとしての自覚が要求されます。ですから、あなたが現実に自分のお店であるカフェを開業しようと行動を起こしたそのときから、プロへの道を歩んでいくことを意味しています。準備には、開業に必要な資金はもちろんのこと、お店を開く場所、内装デザイン、提供する料理の種類、サービスの仕方など、きちんとした開業計画がぜひとも必要になってきます。

もしあなたが、それまでまったく飲食に関係したことのない素人であれば、プロ向けの専門学校に行ったり、実際に同業のお店の現場で働いてみたりと、とにかく一定期間、お店の運営について現場の体験をしてみることが必要です。お店は、ある程度の資金があれば立ち上げることは可能です。しかしお店を運営していくことは、正直にいって並大抵のことではありません。自分のお店を持つという夢は夢として、毎日お店を運営していくという現実をきちんと踏まえて挑戦しましょう。

お店を開いて失敗する人は、多くの場合、準備が不足していたか、当初思い描いていた「私のお店」という夢と現実のギャップについていけなくなったかのどちらかです。そのためにも、あなたの夢と現実の間に、実習、体験、経験という1ページをはさんでください。

本書は、将来プロとして、自分のカフェのオーナーになりたいという夢を実現するために、どのような準備が必要かを知るための水先案内人です。

CONTENTS

はじめに………4
カラー口絵………9

1章 憧れる──ケーススタディ・実際のカフェから開店を学ぶ
- CASE1　neuf café………18
- CASE2　恋花亭………26
- CASE3　LuLuLu&Co………34

2章 知る──ぜひとも知っておきたい、カフェ・カフェ業界の基礎知識
- カフェの歴史………44
- 独立開業から見たカフェの市場………48
- カフェのスタイル………54
- コーヒー、紅茶、日本茶、中国茶の基礎知識………62

3章 学ぶ──カフェの開業に必要なスキルを身につけるには?
- カフェ開業に役立つ学校………76
- カフェの現場で学ぶ………82
- CASE4　AUX DÉLICES DE HONGO………86

4章 開く──実践！ 開業計画から開店まで

店舗コンセプトの作り方 …… 92
開業準備から開店まで …… 98
厨房設計と設備 …… 112
CASE5 café Prado …… 116
CASE6 和カフェ らばさん …… 122
CASE7 CAFÉ de CRIÉ 九段下店 …… 126
CASE8 Farmer's Cafe …… 130

5章 商う──カフェ経営のコツ。開店後まで考えておこう

カフェを経営する心構え …… 136
カフェ開業・経営Q&A …… 142
● 資料1 カフェの学校ガイド …… 156
● 資料2 コーヒーの生豆、焙煎豆の主な仕入先 …… 157

付録 開業計画基礎講座

※メニューの値段は取材時（2003年10月から12月）現在のものです。

neuf café

P.18

自家製アイスクリームと
チーズケーキのデザート
(650円)

恋花亭　　　　　　　　　　P.26

手前から時計回りに、イチゴのタルト（320円）、タルトバナーヌ（300円）、紅いもロール（300円）、紅茶（400円）

LuLuLu&Co   P.34

ランチメニュー「豚肉と白菜のあっさりピリ辛ニューメンとシャケフレークご飯」(ドリンク付き、900円)

AUX DÉLICES DE HONGO P.86

カフェのランチメニュー「ベーコンとほうれん草のキッシュ」(950円)

café Prado P.116

プラドブレンドコーヒー（400円）とタルト・オ・フレーズ（400円）

和カフェ らばさん　　P.122

あんみつの甘味セット（セット800円）

CAFÉ de CRIÉ 九段下店　P.126

ふわふわタマゴドリンクセット
(543円)

Farmer's Cafe   P.130

季節のフルーツのタルトとコーヒーのセット（1200円）

1章 憧れる

ケーススタディ・実際のカフェから開店を学ぶ

CASE*1

neuf café
オーナー
武田康伸さん

ヌフカフェ
住所―〒150-0021　東京都渋谷区恵比寿西1-3-2　東栄ビル9F
Tel ―03-5459-3399
定休日―無休　営業時間―12:00～24:00
経営―有限会社イーストミーツウエスト渋谷事務所
住所―〒150-0041　東京都渋谷区神南1-12-16　和光ビル7F
Tel ―03-6415-6269

カフェで大切なことは"店があるからではなく、あの人がいるから"

若者が集まる、どこか懐かしい空間

恵比寿の「ヌフカフェ」、青山の「ニドカフェ」、代官山の「オウカフェ」など東京カフェストーリーの脚本家ともいうべきオーナーの武田康伸さん（35）は、今や8店舗のカフェを有する元祖的な存在。東京でも特に若者が集まる渋谷や原宿、青山などのエリアにお店を出店してきました。とはいうものの、武田さんのお店の場所は決して一等地ではありません。「うちの店、電話で説明してもなかなか行き着けないような場所にばかり出しています」と言う武田さんの言葉通り、本当にわかりにくい場所にあります。しかし毎日どの店も、若い女性から30歳前後の人々でにぎわっています。お店は、お金がかかったスタイリッシュな内装デザインではなく、60年代のノスタルジックな雰囲気を漂わせ、武田さんみずからスタッフと共に作り上げた、どちらかといえば素人っぽい作りです。渋谷、原宿、青山といえば、超一流のファッショナブルなお店がたくさん集まっているエリア。そのような場所にあって、ちょっとアナログ的で目立たない場所にある武田さんのカフェに、どうして若者達が集まってくるのでしょうか。

原点は大阪での屋台村

武田さんは大阪で生まれ、高校を卒業してからグラフィックデザインの事務所に就職。「朝10時から深夜0時までの仕事で、手取りの給料が10万円弱。それでも夜中0時から、お金がないのに遊びまくっていました（笑）。そうした生活も2年でピリオド。ちょうどその頃は、バブル崩壊直後の1991年。某ゼネコンが大阪・梅田に買い占めていた300坪の更地を活用して、若いデザイナーらが中心となって行った、

19-18

手作りな空間が人気となり、
いつも若い人達が集まって
きます

７３０日プロジェクトがありました。その「アーティスティック屋台村プリティーベイカントカラーズ」の運営を手伝ってみないかという誘いがあって、20歳の武田さんは渡りに船とこの話に乗ったのでした。

屋台村の仕事は「結局、何でもやりました。騒音による苦情処理からケンカの仲裁、屋台の掃除、プロデューサーとの連絡、屋台イベントの企画まで、頼まれれば何でもでした」と武田さん。この仕事がきっかけで飲食のプロデュースや販促の仕事、関西の有名な小劇団『惑星ピスタチオ』の興業、「阿倍野ＳＯＨＯアートプロジェクト」というアート村の開発計画などにも携わりました。屋台村のバイタリティあふれる活動が評価されて、武田さんは当時の大阪ではちょっとしたプロデューサーとして、テレビや雑誌に取り上げられるようになりました。

当時を振り返って武田さんは、「ハタチそこそこの若造が、同年代では経験で

きないほどの社会勉強をさせてもらいました。商売も学ぶことができた。あのときの体験が今の僕を創り上げた原点です」と言います。

27歳のとき、毎日新聞社が主宰する毎日ビジネスサロン大阪事務局で、ビジネスコーディネーターとして再スタートを切り、翌年毎日ビジネスサロン東京事務局へ出向、上京することになりました。そして武田さんは、東京でカフェの仕掛人として新たな顔を見せることになるのです。

話題の期間限定カフェ「ルームルーム」

上京した武田さんは、毎日ビジネスサロン東京事務局の仕事で、期間限定のカフェの運営を手掛けることに。場所は原宿と渋谷を結ぶキャットストリートという遊歩道のはずれ、八百屋の隣にあるマンションの2階でした。位置的には、原宿駅から表参道を青山へ向かい、明治通りを越えた2本目の通りを右へ曲がってさらに150mほど入った、およそカフェには似つかわしくない立地条件。武田さんは、このときのパートナー桑のりこさんと「自分達が快適に過ごせて、そこに行けば誰か仲間に会える。そんなリビング感覚のカジュアルで快適な空間」というコンセプトで、1997年1月にカフェ「ルームルーム」をスタート。お店の運営を桑さんが、プロデュースを武田さんが担当。

このルームルームはたちまち若者の間で話題を呼びました。雑誌「オリーブ」に取り上げられてから一挙にお客さまが増えて、たちまち東京カフェブームの火付け役とまでいわれる有名カフェに。ルームルームは期間限定のカフェだったので、今や伝説のカフェとなってしまいましたが、この店の成功が、武田さんにカフェプロデューサーとしての道を準備したといっても過言ではないでしょう。

わずか500万円で最初のカフェを

ルームルームの成功で「何とか食べていけるめどがついたので」、武田さんは勤めを辞めて、新たに1軒のカフェを計画。場所は、恵比寿駅を降りてから線路沿いに歩いて7、8分の場所にある古い

21-20

ビルの9階。カフェがあることなど、1階の出入り口の看板からはまったく窺い知ることができません。知っている人でなければまず訪れないでしょう。1999年6月、武田さんはここに、みずからがプロデュースする最初のカフェ、ヌフカフェをオープンしました。

その前年9月頃、武田さんはこれからは独力でカフェをやっていこうと決心し、さっそく物件探しに着手しはじめました。

「カフェを出すなら渋谷、青山、原宿、恵比寿しか考えられませんでした。必死になってお店の物件を探しましたが、資金がありませんでしたから、払える家賃の限度額は月坪当たりで、せいぜい2万円どまり。これではとても条件にかなう物件は見つかりません。それでは物件探しの視点を変えてみようと思ったのです。このエリアにありさえすれば、少しくらい目立たない場所でも、ビルの階上階でもいい、そう思ったのです。そうしたら幸い僕のカフェに対する考え方を理解してくれる不動産業者と出会って、やっと今のヌフカフェの物件に行き当たったのです」

このようにして最初のカフェがスタートしたのですが、案の定、「開店から3カ月の間はほとんど泣かず飛ばずの状態でした。ようやく9月頃になってから、最初に反応してくれたのがライターや編集者達だった」とのこと。そのうち徐々にお客さまが付きはじめて、半年後には半分以上がなじみのお客さまで占められるようになっていったといいます。昼間は比較的近隣にいる若い女性客が多いのですが、夜になると20代後半から30代のサラリーマンやOLが「勝手知ったる自分の店」という雰囲気で、気軽に立ち寄ってくれるようになりました。

「本当に（そう言ってはなんですが）こんな場所にあるカフェにどうしてお客が集まってくるのか不思議なくらいです。おそらく飲食のプロであれば絶対に出さないでしょうね。そのあたりに、オーナーには独特のテレパシーがあるんじゃないでしょうか」と語るのは、現在、武田さんの右腕として8店舗の運営、管理に当たっているスタッフの一人、統括マネージャー藤川祥子さん。

ヌフカフェもルームルームとほぼ同じようなコンセプトで作られています。60年代のジャズがBG

武田さんが手掛けたお店の
ひとつ、原宿の「Riz café」

したたかな商売人としての一面が

参考までに、ヌフカフェの月間収支を武田さんからの断片的な数字をもとに推定値を交えながら組み立ててみました。

Mで流れ、剥き出しの天井にペンキが塗られており、カウンターからテーブルまで手作り。アーティストが自分でプライベート向けに改装したような空間です。店舗の空間から受ける感じそのままに、実は内装からキッチン、カウンター周り、そして床張りから天井のペンキ塗り、中古のイス、テーブル等の家具類、食器類の調達から装飾に至るまでほとんどすべてが、武田さんとスタッフの手作りで仕上げたもの（プロの手を必要とする給排水及び電気工事を除く）。

ヌフカフェにかけた費用は、すべてを含めて500万円とのこと。推定するところ、入居のときに大家さんに支払われる保証金を含めても1000万円以内でこの店はスタートしているでしょう。店舗面積が約13坪ですから、店舗にかけた費用は坪当たり約38万円。一般的に考えると、飲食店の内装及びキッチン設備や食器や家具を含めた費用としては、最低ラインの費用で収まっています。

23-22

ヌフカフェの客単価は950円、1日平均の来店者は90人ですので、月当たりの売上は250万円前後ということになります。この売上から食材の仕入費、人件費、家賃、水道光熱費などの経費を差し引いた月間の営業利益は約35万円。この営業利益をそっくり、お店の投下資金1000万円の回収にあてると、おおよそ2年3カ月ほどでもとを取ってしまいます。このようなヌフカフェの成功には、2つの大きな要因があると思われます。

ひとつは、プロのデザイナーが創り上げた完成度の高い空間とは違った、なにかほっとする仲間内のコミュニティー的な魅力を感じる客層が確実に存在していて、そのような人達に対する「独特のテレパシー」を発信しているのではないかということ。もうひとつは、武田さんの経営者としての非常に堅実なやり方です。それは、決して無理にお金をかけすぎた店作りをしないということ。みずからがデザインし、造作のほぼすべてをスタッフと一緒になってペンキを塗ったり、床を張ったり、家具を調達したりする。独力でお店を作り、デザイナーや施工業者任せにしない。だからこそ甘い売上予測を立てない。たとえ売上が思ったほど伸びなくても、最初の投資を抑えておけば、損益の分岐点が低く抑えられます。このあたりの厳しいカフェ商売の現実を、武田さんはきちんと計算しています。1軒目の売上と利益で2軒目のお店をオープンさせ、2軒目の利益で3軒目のお店をオープンするというように、すべてお店の利益を源泉に8店舗までお店を出してきたのです。

武田さんは「資金がないのだから、最初から自分でやるのはあたりまえ」と言いますが、こうしたやり方を2年間、屋台村ですべての雑務をこなすことで、そして十数件の飲食店やイベントをプロデュースしてきた大阪での経験で、学び取ってきたに違いありません。

「商売には表の顔と裏の顔がある。僕のような資金力のない者にとって、カフェの運営は本当は楽なことではないんです。初期投資は最小限の500万円単位から出発していますが、その不足分をスタッフのありったけの体力と精神力と知力を動員して、創り上げていきます。そのようなところに、本

来の創造性が発揮されるのではないでしょうか。でも表はあくまでも華やかさがなければなりません。そうした努力を自然体でやり通すことが、僕らのような商売には必要なんです」

武田さんの言葉は、そのまま後に続く若い人達へのメッセージとなっています。

それぞれの店長の個性を発揮させる

武田さんはこの4年間に次々と個性的なカフェをオープンしてきました。前述のように原宿、青山、渋谷、代官山にすでに8店舗のカフェを出しています。もちろんすべて基本的なコンセプトは、武田さんがプロデュースしてきたのですが、日々のお店の運営までは手が回りきらないのが現実です。

現在、武田さんと各お店のスタッフの間を取り持つのは、藤川統括マネージャーですが、基本的には「毎日のお店の運営についてオーナーはあまり細かなことに口出しはしません。オーナーがプロデュースした店舗というキャンバスに実際に絵を描いていくのは、店の運営に責任を持つ店長にかなりの部分任せています。店長の個性でお店を運営してもいいという考え方です。ただ、武田さんはお店のスタッフに、いつも次のような心構えだけはアドバイスしているのですから」と言います。

「お店があるからではなく、あの人がいるからお客さんが来てくれる、そんなお店にしようよ。だからお客さん一人ひとりの顔と目を見て、そして相手の気持ちを察しながら話ができる、そんな仲間がいる店にしようよ」

武田さんはカフェの経営に次のような想いを込めています。

「僕が目指すカフェはこの小さなエリアの中でどんな役割を果たすのか、いつもそのことを考えています。うちのカフェに来ている比較的若い人達を観察していると、最初の20分はお互いの近況報告、その後の20分は話のネタが尽きてほとんど会話がなくなります。40分以上席に座っていると、ようやく会話が再開されます。どんな話なのかというと、もう少し突っ込んだ自分の身の上話がはじまるん

MENU

グリーンサラダ…500円
人参と鶏胸肉サラダ胡椒風味…680円
帆立貝の自家製燻製サラダ…800円
ラタトゥイユ（ズッキーニ、ナス、パプリカのトマト煮込み）…650円
フォアグラのフランポートワインソース…550円
サーモンの香草マリネ…700円
鶏と豚頬肉のテリーヌサラダ添え…650円
木の子とジャガイモのソテー…680円
本日の鮮魚のポワレ（ジュ・ド・クラブソース）…1200円
秋鮭のムニエル（香草風味プールブランソース）…1000円

鴨のもも肉のコンフィサラダ仕立て…950円
骨付きひな鶏のソテーリゾット添え…850円
牛フィレステーキオランデーズソース…1000円
お好み焼プレーン（豚肉、キャベツと玉子）…650円
チーズ盛合せ…900円
ガーリックトースト…500円

エスプレッソ…350円
カプチーノ…600円
カフェラテ…600円
キャラメル…650円
アールグレイ…650円
アッサム…650円
ハイネケン…650円
グラスワイン（赤、白）…450円

です。僕は若い子が自分の身の上話を語り合う、そのときからうちのカフェの本当の時間がはじまるんじゃないか、そう思っています。つまりうちのカフェは、若い人達のコミュニティーになればいい。だからサービスする側もお客さん一人ひとりの心に触れる姿勢でいる」。カフェ＝地域コミュニティーだというのが武田さんの基本的な考え方なのです。

その想いを込めて、若い人達が集まりやすい、時代の最先端のエリアに、今まで7店舗のカフェを開店してきました。そして2003年の11月には8店目であり、武田さんにとっては記念すべき新しいスタイルのカフェをスタートさせました。原宿キャットストリート沿いにある、シネマとの複合型カフェ「シネマ ピエス」です。36席のソファー席という小さな規模ですが、600円で世界の隠れた名作を上映。オープン時は、アメリカ映画である、あるレストランの一夜の出来事をドラマ仕立てにした『ディナー・ラッシュ』という作品を上映したそうです（武田さんがすっかり惚れ込んだ作品）。

武田さんのカフェにかける夢は、これからもいろいろな形を変えて進化していくに違いないでしょう。

CASE*2

恋花亭
オーナー
末吉有子さん

れんがてい
住所―〒553-0006　大阪府大阪市福島区吉野2-14-15
Tel―06-6444-1269
定休日―無休
営業時間―10:00〜21:00

体力勝負だった10年間、夢中でカフェを軌道に乗せました

アットホームなカフェの女主人とは？

大阪の中心街梅田からさほど遠くない、地下鉄千日前線の野田阪神駅（またはJR大阪環状線野田駅）。アーケードのある昔ながらの庶民的な商店街の一角に、「恋花亭（れんがてい）」はあります。ガラス張りの入り口の右側にはケーキのショーケース、左側には20席のカフェがあり、オーナー末吉有子（すえよしゆうこ）さん（46）の優しい人柄そのままの、温かな雰囲気を持つケーキ＆カフェのお店です。

恋花亭は末吉さんを筆頭に全員が女性スタッフ4名で運営されています。末吉さんのカフェは、この店で2軒目。きちんと軌道に乗せた1軒目はスタッフだった人に任せて、今も立派に繁盛しています。2軒目のこのお店も、すでに地域のお客さまに愛されて8年が経ちました。1軒目のお店から数えると、13年の月日が流れています。

さて、当時20代後半の新婚間もない主婦だった末吉さんは、どのようないきさつで2軒のお店を経営するに至ったのでしょう……。

銀行から美容師を目指し、そして……

末吉さんは、大阪の天王寺の某大手銀行にOLとして勤務。勤めて9年目に現在のご主人、雄一（ゆういち）さんと結婚し、銀行を退職しました。ご主人は美容師さん。「理容師なら年をとってもできるけれど、美容師は常に若い人のトレンドについていかなければならない。年をとったら厳しくなるから、私も美容師の免許を取って、主人の経営している美容室を手伝いたい」と彼女は美容師に挑んだそう。もしばらくして「私には美容師は向いていない……」と気づきました。

一方ご主人は、別に美容師でなくても彼女が何かお店をやることに、どちらかといえば乗り気だっ

27-26

恋花亭はご近所のお客さまでいつもにぎわっています

たといいます。そこで末吉さんは、新婚旅行にスリランカへ行ったときに、二人で楽しんだおいしい紅茶とお菓子を思い出して、「これなら自分でもできるのではないか」と思ったとのこと。そのようなことを漠然と考えながら過ごしていたある日、ご主人の美容室のお客さんが、近くにある阿倍野の辻製菓専門学校の1日体験入学のパンフレットを持ってきてくれました。このパンフレットが、その後の末吉さんの運命を決定しました。彼女は1日ならと、とりあえず申し込むことに。わずか1日のお菓子作りでしたが、美容師に挑戦したときには感じなかったおもしろさがあったといいます。

そこで彼女は、本格的に学校に入学して、お菓子作りを勉強することを決意しました。今から15年前、1989年のことと、彼女は32歳。辻製菓専門学校に1年間の予定で入学しました。

「そのときは、よし！ 将来、ケーキとお茶を売るカフェをやるぞ、という明確

な目的意識を持って入学しました」と末吉さん。お店を持つということに最大限の理解を示してくれていたご主人のサポートを受けながら、彼女は本気でお菓子作りを学んだのです。

学校とお店の経験の違い

辻製菓専門学校での勉強を経て彼女は、専門学校時代の同級生が就職した神戸のケーキ屋さんに半年間（土、日のみ）のアルバイトとして、お菓子作りの実際を学ぶことにしました。本当はフルタイムで勤めたかったのですが、すでに彼女の年齢での就職は難しく、仕方なくアルバイトという形に。

1年間、専門学校でお菓子の基本を学んで現場に飛び込んだわけですが、その現場は今までとは比べものにならない世界でした。

「学校と実際の現場で根本的に違う点は、仕込みの量。学校で作るのは技術の基本ですから、せいぜい1個とか2個という量です。でもお店の現場では、一度に20種類から30種類、個数にして100個以上を作り上げなければなりません。スポンジ、タルト、焼き菓子、パイ、クッキーに至るまでの生地から生クリーム、バター、卵、トッピング、砂糖などの扱う素材、そして焼成からデコレーションまで、その膨大な作業量は学校では経験し得ないものです」

お菓子作りに必要な条件として末吉さんは、「情熱と体力です」と笑いながら答えてくれました。

この半年間のアルバイトで彼女は、現場でのお菓子作りの厳しい経験を体の中に叩き込んだ上で、いろいろなアドバイスをしてくれました。修業した神戸の洋菓子屋さんのシェフは、最初から末吉さんが将来、独立開業を希望していることを知った上で、いろいろなアドバイスをしてくれました。このことが大きかったといいます。店の仕込みを手伝いながら学んでいった貴重な半年間でした。

地元で10坪のケーキ&カフェを開く

そのような経験を経て末吉さんは、最初のケーキ&カフェのお店「マルジョレーヌ」を大阪天王寺

29-28

区玉造元町、環状線玉造駅の西口から程近い商店街の一角に1992年6月にオープンしました。この玉造を選んだきっかけは、ご主人が美容室を営んでおり、また末吉さんが銀行時代勤めていた支店がある地元のような土地で、知り合いもたくさんいたから。

店舗規模は10坪で、ケーキと9品の喫茶カウンター席を併設したこぢんまりとしたお店でした。開業資金は、入居保証金、仲介手数料、前家賃、店舗の内装費、厨房設備費、空調費、ケーキのショーケース、食器、備品類、設計料まですべて込みで総額2000万円。資金は末吉さん夫婦が新婚時代から住んでいたマンションを売却して、1200万円を捻出。さらに国民生活金融公庫から800万円を借り入れました。

マンションの売却も、主婦であった末吉さんだけでは借りられなかった公庫に対する融資の名義も、すべてご主人が了解してくれたといいます。もともとご主人は、末吉さんがお店を持つことに賛成してくれていました。とはいうもののこのお店は「主人がいなければ開けませんでしたし、本当に感謝しています」と末吉さん。個人の独立開業について忘れてならないのは家族の協力です。その点末吉さんの場合、お互いが自立してお店を運営し、それぞれのお店の運営に深い理解を持っています。とても恵まれたケースでしょう。

ところで、10坪のお店に2000万円はお金をかけすぎたのではありませんか、という問いに末吉さんは「その通り！　入居保証金が500万円で残り1500万円が純粋にお店にかけたお金ですから、坪当たり150万円にもなりました。イスやテーブル、ショーケースなどの費用もかかりました。まったく経験がないものですから、自分の頭の中にあるイメージをベースにして、いろいろと注文しているうちに、たいへんな金額になってしまったのです。今ならこの半分で開店できます。2軒目の恋花亭は倍の20坪で2000万円でしたから」と言います。

開店後の末吉さんのお店マルジョレーヌは、「最初の数カ月はダメでした。1日3万円くらいがやっと」だったそうです。この売上では、公庫に対する元利の返済がやっとで、到底、利益を出すまで

にはいきません。しかしチャンスはその年のクリスマスにやってきました。ケーキの注文が殺到したのです。

「知人や友人の手を借りて何とか乗り切りました」

カフェもカウンター席では狭いのでテーブル席に変え、1年後には1日の売上もコンスタントに6万円を超えるまでになりました。調子のいい日は1日の売上も10万円に達する日もありました。

1軒目をスタッフに任せ、2軒目に挑戦！

1軒目のマルジョレーヌを軌道に乗せてから3年目の1995年4月、末吉さんは早くも2軒目の店、恋花亭を開店。場所は1軒目の店のある玉造駅とは環状線の反対側、電車で30分ほどの野田駅の近くでした。そのため末吉さん一人では、労力的にも時間的にも2軒を運営していくのは無理でした。

そこで1軒目は、それまで支えてきてくれた千草さんというスタッフにゆだねることに。店名もフランス語で千草を意味する「ミルアーブ」に改名しました。お店の所有権は末吉さんが引き続き保有することにして、毎月の売上の10％を千草さんに支払うことになりました。いい換えれば末吉さんは、売上の10％で千草さんにお店の運営を委託したことになります。こうすることで末吉さんは、2軒目の恋花亭の経営に専念することができたわけです。末吉さんはどちらのお店も、フルタイム、アルバイトのスタッフだけで女性だけでやってきました。そのスタッフのなかでも千草さんは、中心的な役割を果たしてきたから経験も十分。安心して任せられる人材でした。

恋花亭はマルジョレーヌの反省から、内装、設備やお店のレイアウトはすべて、オーナーと一緒になって計画を立て、費用は坪当たりすべて込みで100万円、全部で2000万円で収めることができました。

「1軒目のお店に分不相応なお金をかけてしまいましたが、3、4年経つうちにお店は老朽化してき

31-30

恋花亭のケーキにぴったりの紅茶の品揃えも充実

てしまいます。遅くとも5年以内にはリニューアルしなければなりません。ですからあまりお店にお金をかけすぎると、償却に負われて返済が苦しくなるだけではなく、リニューアルのための追加分の資金すら捻出できなくなります。教訓としてはとにかくお店にお金をかけすぎないことですね」と反省を込めて独立開業を志す人達にアドバイスをします。

ところで、2軒目をデザイナー任せにしなかったのにはわけがあります。

「1軒目のとき、キッチンの設計をデザイナーに任せてしまったのが失敗でした。お店の外観や内装は自分の希望を伝えるだけで、あとはデザイナーに任せてもいいのですが、キッチンの任せっぱなしはダメ。キッチンは冷凍庫や冷蔵庫、オーブンやミキシング、作業台、シンクといった設備があります。そのレイアウトを他人任せにすると使い勝手の面でどうしても不都合が生まれてしまいます。レイアウトが作る人の立場に立って設計されているかどうかで、作業効率には天地の開きができてしまい、まずいとムダな動きをしなければなりません。体力的にすごく消耗しますし、効率も悪くなります。ひいてはお菓子の品質にも影響してきてしまうくらいの重大事です」

最初の1軒目の末吉さんは何もかもがはじめての経営者でしたが、2軒目の末吉さんは自信に満ちた経営者に変身。開業するときの資金計画も店舗設計も自分で立案し、売上的にもスタート時から最低目

標の1日8万円をクリアするなど、運営面でもしっかりした対応ができるまでになりました。家賃に関することでは、そうした経営者のたくましさをのぞかせる出来事がありました。恋花亭の入居時の家賃は月45万円でした。それが家賃の更新時に50万円に値上がりしました。50万円といえば坪当たり2万5000円。周辺の家賃相場と比べて割高に思えた末吉さんは、大家さんに掛け合い、相場の実例を引き出して交渉し、月36万円に引き下げさせたのです。

これはお店の経営にとって実に大きなこと。毎月14万円の固定費が削減されるわけですから、年間で168万円もの経費が浮くことになります。家賃は人件費や水道光熱費や仕入費と異なって、店の努力ではどうにもならない経費です。それが3割近くも削減されたのですから、それはそのまま営業利益に加算されることになるのです。経営者としてのちょっとした自覚がたいへんな貢献をしたことになります。こうして経営者として末吉さんは、立派に2軒目のお店も軌道に乗せたのです。

将来は田舎でケーキ＆カフェと美容室を

このように朝7時半にお店に入って、夜の22時半まで休みなく働いて、2軒のカフェを軌道に乗せてきた末吉さんの将来の夢は、「田舎でお店をやりながら生活すること。田舎暮らしが二人の長年の夢でした」。続けて「実はそのための土地をすでに買ってあります」と言います。

場所は宮崎県の西都市。宮崎市から北西に20キロほど行った人口約3万5000人の小さな街です。西都原古墳群で有名な古代の遺跡や古墳群を有する古代史の街。「田舎暮らしの本」という情報誌で丹念に探した結果、西都市の郊外、茶臼原という所に周囲の景色がよく、値段も手頃で、すばらしい環境の物件がありました。早速現地に赴き、すっかり気に入ったので、購入を決断したそうです。1300坪、家付きの土地を1300万円で購入しました。もうすでに夢に向かっての行動スケジュールは動き出しています。できれば末吉さんが一足先に行って、今ある古い家を取り壊して、住宅兼店舗のログハウスを建てる準備にとりかかる予定といいます。

MENU

シュークリーム…100円
フルーツポート…300円
フルーツタルト…320円
エンジェル…300円
抹茶ミルク…300円
チョコロール…270円
木いちごのタルト…300円
森の仲間たち…270円
サンマルク…300円
シフォン…300円
マロンロール1本300円
ガトーゴッホ…300円
フルーツロール1本1500円
紅いもロール…300円
スクエアショート…1200円
よくばりシブースト…300円
チーズケーキiホール2700円
プリン…270円
ショートケーキ…300円

クリームブリュレ…300円
マロンロール…270円
マロンパイ…200円
フルーツロール…300円
ミニパウンド…250円
モンブラン…300円
タルトバナーヌ…300円
イチゴのタルト…320円
ショコラ…300円
テイクアウト用ショティ…300円
テイクアウト用クッキー9種類
…1個100〜150円
テイクアウト用焼き菓子10種類
…1パックすべて260円
コーヒー…400円
紅茶…400円
アイスコーヒー…400円
アイスティー…400円
チャイ…400円

したがって、現在の恋花亭も1軒目のお店と同じようにスタッフに任せるつもりだそう。1軒目、2軒目も、将来の田舎暮らしの夢を実現するためのステップだったというわけです。「夢があったからがんばってこれましたね」と夢の実現を着々とかなえつつある末吉さんの顔は、満面の笑みに輝いています。

末吉さんご夫妻は、夢のイメージを次のように描いています。

「ログハウスの1階部分が主人の営む美容室、ケーキを作る工房、ケーキショップ、カフェ。前面が駐車場で、裏には栗の木があって、イチゴやミントなどお菓子に使う植物を植えます。周りの景色もすばらしく、西都市が約3万5000人、周辺の4町村を含めて8万5000人の商圏人口(当該のお店を中心に設定された商圏内の消費人口のこと)がありますので、郊外ですが車社会ですから、アクセスには不安はありません。今まで市内には何軒かのケーキ屋さんはありましたが、カフェを併設した店舗はなかったので、やるなら今だ、と急いだわけです」

夫婦が一致した思いで独立開業を果たし、共通の「田舎暮らしのなかのお店経営」という夢の実現に向けて歩んでいます。これほど幸せな夫唱婦随がほかにあるでしょうか。

CASE*3

LuLuLu&Co
オーナー
小松原紀子さん

ルルルアンドコー
住所―〒150-0012　東京都渋谷区広尾5-17-4
Tel ―03-3441-7728
定休日―不定休
営業時間―11:30～21:30（ラストオーダー）

ワクにとらわれず、お客さまと一緒に進化するカフェにしたい

抱いていた夢へのスタート

東京の渋谷区広尾といえば、外国人と地元の人とが混在した独特の雰囲気を持つ街。実際に街を歩くとオシャレでハイソなイメージの通り、地下鉄出口のメインストリートにはカフェやレストランが多く並び、エキゾチックな雰囲気があります。しかし、一本路地を入ると、店先に葉の緑が目にも鮮やかな野菜を並べる八百屋さんがあったり、古い酒屋さんがあったりと、昔の香りが漂いどこか懐かしさを覚える風景が点在しています。

そんな静かな路地沿いに佇む「ルルルアンドコー」は、真っ白な外観がとても印象的。表に大きく開かれた入り口から店内に入ると、「いらっしゃいませ」とオーナー小松原紀子さん（40）の明るい声と、看板犬チワワのルルピーの愛らしい顔が出迎えてくれます。犬のイラストやモノトーンの写真が飾られた白い壁、コットンのクロスで覆われたテーブルにラタンのイス。ふんわりと柔らかな空気に包まれた店内は、女性のお客さん達がそれぞれの時間を過ごす姿が見られます。

こちらのオーナーの小松原さんは、このお店をはじめる前、20～30代の女性に絶大な人気を誇るギリシャのジュエリーブランド「フォリフォリ」に勤めていました。会社で働いているときから、心の隅っこでいずれ自分で何かをやりたいという夢を抱きはじめたそうです。その夢が何かを気づかせてくれたのは旅先の海外。ロンドン郊外のB&Bやパリ郊外のオーベルジュに宿泊したときに、このような場所にいる自分のイメージがわき、どこか郊外で1日2組か3組のお客さまが宿泊できる、B&Bスタイルのお店をやりたいという具体的な思いに気づいていったそうです。ただ、それはもっと遠い先の夢。そこで、その夢を実現させるために、今の自分は何ができるんだろうと考えはじめたそうです。

35-34

やわらかな空間が印象的な
「LuLuLu&Co」

夢を実現させるための第一歩としてカフェという業態を思いついたときっと同じように海外でした。

「旅先でいつも気になるのが、レストランやデリ、八百屋さんだったりと、すべて食べ物だったんですよ。きれいな食べ物を見たりするのも好きだし、もちろん食べるのも好きだし。また、外観や雰囲気もとってもかわいいんです。だから、旅先で最初に行く場所はお洋服屋さんじゃなくて、いつもおいしい食べ物屋さん。それで、食べ物関係でかわいいお店をやれたらいいなと思ったんです」

食は衣食住のバランスがとれた生活を心がける小松原さんにとって、いちばん大切にしている事柄でもありました。

そして2001年、10年以上勤めた会社を辞職。会社の体制や業務が変わる時期だったこともあり、新しく何かをはじめるにはよいタイミングだったそうです。ただ、何年後に独立するという明確なプランを立てていたわけではなく、「今しかない」と自分の第六感を信じて行動を起こしたため、独立開業のための貯えがなく、金銭面的な部分は追いついてきていなかったと

当時周りの人にお店をはじめることについて相談したところ、賛否はフィフティーフィフティー。反対の多くはビジネスや実務に関わっている男性。特に金銭的なことは心配されたそうです。逆に賛成してくれたのは、すでに夢を実現したカフェの女性オーナーなど、ほかにも独立開業を果たした女性達だったそうです。たいへんな苦労はもちろん覚悟の上で、自分がやりたいと思うことをやるのは価値があると、小松原さんの背中を押してくれました。

オープンまでわずか1年

物件が見つかったのが2002年の1月後半で、探しはじめてからは約4カ月。短期間で見つかったのはとても幸運でした。また、現在の物件には、とてもラッキーな巡り合わせがあったといいます。

広尾は小松原さんも昔から気になってよく訪れていた街。しかし、正直お店を出すとなると、六本木などのように大きな商業施設もなく、青山のようなショッピングエリアでもないため、商圏が狭く外からのお客さまは決して多くはありません。それに比して飲食店の数は多く、需要と供給のバランスがよくないため、お店を続けていくにはかなり厳しいエリア。また、資金的にも難しいとしては3～4番手でした。

物件探しをしていたある日、紹介された西麻布の物件を見に行ったものの、自分が思い描いている物とは違い、しょんぼりしながら歩いていると、不動産屋の看板がふと目にとまり、とりあえず顔だけ出してみようと立ち寄りました。そこでも広尾はウェイティングしている人が多く、2～3年は難しいと言われ、名前と連絡先だけ残してその日は引き上げました。ただ、とてもていねいで優しい対応をしてくれたことに感動して、自宅に戻ってからお礼のファックスを入れたそうです。物件が出ましたと連絡が入ったのは、それから2カ月後のこと。当時他に仕事を持っていなかったことが幸いし、すぐに物件の下見に出かけ、ビルの1階にもかかわらず高い天井であることや、同じビルの4階には

37-36

住むところもある職住接近という条件が気に入って、契約にまで漕ぎつけたのです。

「お礼のファックスが不動産屋の人の印象に残ったみたいで、優先的に電話をかけてくれたようなんです。この物件には、すてきな巡り合わせがありました」

物件は居抜きで、前の飲食店が比較的ていねいに使ってくれていたので、入り口とキッチン周りを新しくするだけですみ、スケルトンからはじめるのと比較して、費用は大幅に削減できました。内外装デザインを依頼した先は、オープン・カフェの先駆けともいえる「オー・バカナル」や、サザビーグループの「レストランキハチ」の店舗デザインなどを手掛けた、ワクトというデザイン事務所でした。相手は店舗デザインの分野では、業界でも名の通った有名なデザイン会社です。普通は、一個人がデザインを依頼できるような相手ではなかったのですが、そこは物件に続いて小松原さんの運気の強いところ。前の会社の同僚の旦那さんがその事務所に勤めていたため、その同僚を通じてお願いしたところ、意外にも引き受けてくれたそうです。

そしてでき上がったのが、白を基調にしたナチュラルテイストなお店。はじめは店内の壁をローズピンクにするなど、デコラティブなスタイルも考えたそうですが、お客さまを限定してしまうリスクがあり、壁だけでなくお店の色付けは後からでもできるため、スタートはシンプルにと白にしたそうです。全体のイメージは〝ロンドンの小径にあるようなお店〟。このイメージを理解してもらうために活用したのが、自作のコンセプトブック。これは雑誌に掲載された海外のショップや、自分のイメージに合うものを切り抜いてスクラップしたもので、想定して犬を連れた人物写真など、自分のイメージに合うものを切り抜いてスクラップしたもので、不動産屋さんにもデザイナーさんにもこのコンセプトブックを見せながら説明したそうです。

「言葉だけでは、自分がどんなお店を作りたいのか理解してもらうことは難しいですよね。でも、ビジュアルならイメージをきちんと伝えられます。今でもコンセプトブックは、自分自身初心に帰りそしてお店を再確認するものとして大切にしています」

これが功を奏して、小松原さんも納得のデザインに。特にキッチンは、料理教室などさまざまな場

犬のイラストもお客さまをお出迎えします

お店は自分の部屋の延長

お店がオープンしたのは2002年4月27日。オープン時は天気もよく、ゴールデンウィーク前ということもあり、知人や地元の方など多くのお客さまでにぎわいました。それ以降ビラ配りは多少したものの、前の会社の関係で大人向けの女性誌に取り上げられたりして、口コミと共にお店の名前は広がっていきました。また当時は、まだ犬を連れて入れるカフェが少なかったことから、犬と一緒に入れるお店としてペットを飼っている人達の間でも知名度を上げることに。そもそも犬OKのお店に

尾という住宅地でもかなり高級な立地条件にあって、自分のほぼ思い通りのお店をこの予算で開店できたということは、本当に幸運だったというべきでしょう。問題の資金は、自分の退職金に加え、国民生活金融公庫や渋谷区の一般融資制度の利用とご両親からの援助でなんとか工面をしました。

オープンまでにかかった入居の際の保証金、内外装費（リニューアル費）及び設計料、キッチンの設備費やその他食器や装飾品などを含めたすべての費用は、約1200万円。このお店は、居抜き物件で12坪でしたから、保証金を除けば、坪当たりすべて込みで60万円強で改装できたといいます。広

面で融通が利くようにと仕切りをいっさいなくし、スタジオ風に仕上げてもらいました。

39-38

したのは、今や看板犬として活躍するルルピーの存在があったから。独立を考えはじめた2年前、急にパートナーがほしくなり、ルルピーを飼いはじめたそうです。それ以来、犬と一緒に食事をしたりお茶をすることがあたりまえのこととなり、自然に犬OKのお店になったといいます。

ランチの常連さんが付いたのは比較的早い段階でしたが、オープンから約半年後、さまざまなシーンで利用してくださる常連さんが付いたのは、オープンから約半年後。今ではお客さまの半分が常連さんだそうです。そんな思いから、仰々しくかしこまったものではなくカジュアルなスタイル。もちろんすべて同じではなく、相手の年齢などを見分けつつお客さまにあった接客を心がけています。

「私は料理を作って出すことがしたかったのではなく、常にお客さまと近い関係でお店ができたらとても自然で、はじめてのお客さまも常連さんに見えるほど。また、ヘビーユーザーの常連さんになると、ルルピーの散歩などお店を手伝ってくれたりもするそうです。これを称して「お客さん参加型のお店」と小松原さん。

素人からお店をスタートさせましたが、今まで特に困ったことはなかったと言います。メニュー構成やお料理など、プロを雇っているわけではなく一人なので、それなりのプレッシャーはあるそうですが、それを取り立てて大変だと感じたこともなかったとか。

お店はランチ、カフェ（ブレイク）タイム、ナイトタイムにメニューが分かれていて、家庭料理に手を加えたり、盛り付けにこだわったオリジナルメニューを提供しています。さりげなくシンプルでおしゃれな感じ、そして優しい気持ちになれることがメニューのコンセプトだそう。また、素材にも

気を使い、青森県の八甲田山麓で健康的に飼育された「南昌豚」を料理に取り入れています。

「メニューは今まで食べてきた物やレストランなどを、頭の中でパラパラと雑誌をめくるように考えているとひらめいたりしますね。盛り付けもお店が洋風のイメージなので、和風なお料理でもお皿や盛り付けにお店のこだわりやルルルらしさを取り入れて、洋風な仕上がりにしています。だから、海外のレストランで食べているような雰囲気を感じてもらえればうれしいですね」

小松原さんにとって、お店は自分の部屋の延長やゲストハウスのようなもので、そこにお客さまが遊びに来ている感覚だといいます。だからこそ接客やメニューなど、お店全体からふんわりと心地よい優しさが感じられるのかもしれません。

お店の個性はお客さまが決めるもの

現在お店の平均客単価は、ランチが約1000円、カフェ（ブレイク）タイム約1000円、ナイトタイムは3200円ぐらいだそうです。

お店について語るとき、小松原さんはカフェとは言わずお店と言います。これには、ルルルはワクにとらわれず、来ていただいたお客さまに"癒しとかろやかな高揚感"を感じてもらえるようなスペースを提供したいという思いから。ルルルは小松原さんが心地よいと感じられるものをセッティングし、そこに集うお客さまが新しい夢を見つけていくきっかけ作りの場所。だから、カフェでも定食屋でも飲み屋でも、お客さまそれぞれ自由に受け止めてもらいたいそうです。

またこの先、1日コックさんをやりたい人がいたらキッチンを提供したり、自作のパンを食べてもらいたい人にパンを販売するスペースを提供したりと、お客さまの夢を実現できる場所としても活用していきたいとも話してくれました。現に毎週木曜日は、物件探しのときに診てもらったことが縁で、占い師のサロナさんがお店に来て出張鑑定を行ったり（完全予約制）、近所の男性が作るシフォンケーキがおいしかったことから、土日限定の「会田さんのシフォンケーキ」が誕生するなど、

人あってのお店だからハートが大切

「ルルルはコンセプトがないお店」だと小松原さんは言います。ご自身が持つイメージはありますが、イタリアンや和食など、他のカフェと差別化を図るような明確なコンセプトを打ち出しているお店と違い、お客さまの理解に時間がかかってしまい、経営的な部分がきちんと安定するのにも時間を要するというリスクを含んでいますが、この雰囲気で何かを感じ取って好きになってくれる方に、お店へ来てほしいというのが小松原さんの思い。

「コンセプトなど普通はないとダメなんでしょうけど、私はそういうのを作っちゃうとおもしろくないからいやなんです。この雰囲気や曖昧な部分をお客さまに感じ取ってもらいたいですね。それをおもしろがって一緒に参加してくれる人が増えていくと、すごく楽しいことがやれるんじゃないかな。だから今、お店は色付けをしないで白いまま。自分でもこのお店が将来どうなっていくか楽しみ」

「皆と違う方法で皆と同じ方向を見る」。お店の常連さんがよく使う言葉。お店を成功させるという目標は他の経営者と同じですが、そこまでのアプローチは、自分を信じて独自の方法で行っていく。まさに独立開業の基本であり醍醐味です。

これからの展開や目標としては、より一層、体によく安心して食べられるメニューを提供していくこと。知識をしっかりと蓄えて、例えば糖尿病の方でも安心して食べられるメニューなども、予約制という形で取り入れていきたいそうです。ほかにもさまざまなアイデアを考えているとのことで、後1年続けてみて自分に何ができるのかを明確にし、実現させたいと言います。また、数年、十数年先になるかもしれませんが、昔からの夢である「LuLuLu the Country House」という名前で郊外のB&Bをスタートさせ、ルルルアンドコーはフラッグショップとしてカントリーハウスの情報や、その他さまざまな情報を発信させる場所にしていきたいそうです。

すでにお店のなかでコラボレーションはスタートしています。

MENU

- リンゴのチーズケーキ …500円
- チョコレートケーキ …500円
- Half & Half(リンゴのチーズケーキ、赤すぐりとホワイトチョコレートのチーズケーキ) …500円
- ハーブ風味のポップコーン …500円
- チーズ&黒パン …350円
- スパイシーポテトフライ …400円
- ゴルゴンゾーラとリンゴの焼きバゲット …400円
- 赤ピーマンとにらのチヂミ …400円
- シーフード揚げワンタン …550円
- ししゃものゴマプチ揚げ …600円
- 豚バラとワケギのシンプルグリル …600円
- 思いっきりキャベツ …650円
- ドライトマトとチキンの春巻き …800円
- 白身魚のカリッと揚げポン酢とネギで …800円
- LuLuLu風スウィートチキン …800円
- たらとじゃが芋のアボガドソースグラタン …950円
- プチ・シャブシャブ(南昌豚) …950円
- 卵入リシーザーサラダ …950円
- 冷シャブサラダ …900円
- シンプルバゲット with オリーブオイル＆塩 …250円
- その日のニューメン …600円
- 海老とレタスの塩焼きそば …750円

最後にお店について、「いちばん大切なのはハート。自分がどれだけ思いを込められるか、どれだけ愛情のお水をお店やお客さまに与えていけるかですべてが変わってくるので、何をやるにしても自分がどれだけ愛情を注げるかが大切。気持ちが入り込まないお店は、何も発信しないし、人に何も伝わっていきません。もちろん、雰囲気だけでお客さまはお金を支払ってくれるわけではなく、こちらが提供するものに対して代価を払ってくれるのですから、お料理をするにしても自分のハートを込めて作らないと、味も変わってくると思うんですよ。自分のハートはコアとしてあって、そこからさまざまに派生してサービスにつながっていく。マニュアルだけでしか動けない人は、人の心を感動させることができないと思います。原始的でアナログかもしれないけど、人あってのお店ですからね。だから私のハートを感じて、お客さまがルルルを好きだと言ってくださる瞬間がいちばんうれしく、何物にも代えられませんね」と、答えてくれました。

実は以前、少し体調を崩してお店を閉めていたことがありました。その間も、今日はあのお客さまが来ているかもしれないと、頭の中にはいつもお客さまの顔が浮かんでいたそうです。人とのコミュニケーションを大切にする小松原さんの気持ちは、競争の厳しい立地にあっても確実に地元のファンを増やしていっているのです。

2章 知る

ぜひとも知っておきたい、カフェ・カフェ業界の基礎知識

カフェの歴史

歴史から
今のカフェスタイルを
読み取る

日本で最初のカフェは「可否茶館」

日本で最初のカフェは明治21（1888）年に鄭永慶が東京下谷区西黒門町2番地（現在の台東区上野1丁目10番地、上野広小路あたり）に開店した「可否茶館」です。鄭はアメリカのエール大学に留学したインテリでしたので、人々が自由に集うことのできる交流の場としてコーヒー店を思い立ち、開業したのが可否茶館でした。2階建て洋館の建物には、国内外の新聞、雑誌を置いて自由に閲覧できるようにしたほか、ビリヤード、トランプ、クリケット、囲碁や将棋、更衣室、化粧室、シャワーまで完備した、当時としては人々の度肝を抜くような本格的なものでした（現代でも南青山周辺にありそうな新しさを持っていました）。しかし残念ながら、この店は4年余りで経営不振のため閉じられてしまいます。その理由は、明治維新からわずか20余年、まだこうしたカフェ文化を受け入れるには時期尚早だったからです。

しかし鄭永慶は、可否茶館と共に日本最初の本格的なカフェの創業者としてその名を歴史にとどめています。それ以降明治時代には、明治23（1890）年「ダイヤモンド珈琲店」（浅草公園）、明治26（1893）年「風月堂喫茶室」（麻布）、明治29（1896）年「木村屋パン店の喫茶室」（銀座）、明治38（1905）年「台湾喫茶店ウーロン巣」（日本橋小網町）、明治43（1910）年「キサラギ」（大阪）、明治43（1910）年「メイゾン鴻乃巣」（日本橋小網町）、明治44（1911）年「カフェ・ライオン」（銀座）、明治44（1911）年「カフェ・プランタン」（京橋）、明治44（1911）年「カフェ・パウリスタ」（銀座）など9軒のカフェが記録に残されています。このうち銀座のカフェ・パウリスタと木村屋の喫茶室はまだ残っています。もちろん当時のスタイルのカフェではありませんが、どことなく往時の香りを残しています。

日本独自の喫茶＝カフェ文化

明治から大正はじめまでは喫茶店はまだ一部の人々だけのものでしたが、大正も半ばになると「ミルクホール」と呼ばれた大衆的なコーヒー店が、広く人々に親しまれるようになってきました。

ミルクホールは明治時代、学生や書生がミルクを飲みながら新聞や官報を閲覧する場所だったことからこの名が付けられました。それがやがてコーヒーに変わり、一般にコーヒー1杯5銭、ドーナツ1皿5銭という、いうなれば現代のセルフサービスのコーヒーショップのような、手軽な値段でした。いわば庶民が利用できるオアシスです。当時のミルクホールの繁盛ぶりを示す例としては、浅草松屋の向かいにあったミルクホール「ハトヤ」には、連日1000人以上の客が押し寄せたといいます（このお店は同じ店名のコーヒー店として現存）。

昭和に入ると、今度は、「純喫茶」や「名曲喫茶」と銘打った日本独特の喫茶店が登場し、特に昭和6（1931）年から12（1937）年の世界的な大恐慌時代にこれらの喫茶店は一大ブームを迎えます。その他「図書喫茶」「ジャズ喫茶」などさまざまなスタイルの喫茶店が現れました。

コーヒー専門店の時代

太平洋戦争をはさみ昭和25（1950）年に、それまで戦争のために停滞していたコーヒー豆の輸入が再開されるまで、日本のカフェ市場は暗黒時代でしたが昭和30年代に入ると、戦前をはるかに上回る量のコーヒー豆が輸入されるようになり、日本カフェの本格的な戦後がスタートします。

昭和40年代半ば、貿易と外資の自由化（昭和44〈1969〉年）が促進され、ブラジルやコロンビアなどの南米、中米やアフリカなど全世界の生産地から自由にコーヒー豆が輸入されるようになると、コーヒー市場は質量ともに激変していきました。その先鞭をつけたのが、コーヒー専門店ブームでした。純喫茶に代わって、「コーヒー専門店」が登場してきたのです。

80年代にもあったカフェバーブーム

それまでは、カフェや喫茶店という看板を掲げていても、コーヒーそのものにはほとんど無頓着なところがありました。今日の水準からいえば、昭和30年代から40年代にかけてのコーヒーはお世辞にもおいしいとはいえない代物だったのです。しかしセピア（コーヒー）色の内装デザインにオープンカウンターがあり、サイフォンやネルドリップで本格的なコーヒーをサービスする、コーヒーにこだわりを持った店がいたるところに現れ、それこそ一大ブームを巻き起こしたのです。人々はそれを、それまでの純喫茶と区別して「コーヒー専門店」と呼びました。コーヒーにこだわったコーヒー専門店の時代は約10年間続きました。しかしやがて、当時の急激な地価高騰による家賃の値上がりと、コーヒー専門店のオーバーストアで、そのブームも終わりを告げるときがやってきました。

そののち、今日の"カフェめし"ブームにつながってくるカフェブームが昭和55（1980）年、つまり80年代に突然に巻き起こってきます。そのブームのときに流行したカフェを若者達は「カフェバー」と呼びました。その代表的な有名店は、渋谷ペンギン通りの「チャールストン・カフェ」、原宿表参道の「キーウエストクラブ」（20世紀の文学の巨匠、ヘミングウエイのキューバ、フィンカビビアの邸宅の名前から採った）。これらの店は、それこそお店に入りきらない若者が連日、店の外までウエイティングの列を作ったのです。当時の記録によると、1日2000人の若者が押しかけたというのですから、カフェバーが当時若者にいかに強いインパクトを与えたかがわかります。当時のカフェバーは、どこかで現在の"カフェめし"につながっているように思います。

コーヒー市場を変えたセルフサービス店

コーヒー専門店ブームの次にコーヒーの市場に新たな時代の到来を告げたのが、昭和55（1980）年、東京原宿にオープンした「ドトールコーヒーショップ1号店」です。当時の値段でコーヒー

1杯150円というセルフサービスのコーヒーショップで、当時300円を超えていたコーヒー専門店の値段の半分でした。セルフサービスとはいえちゃんとした水準のレギュラーコーヒーでしたから、たちまち急速に拡大し、それまでのコーヒー専門店をどんどん駆逐していきました。

その後の喫茶店業界は、ドトールコーヒーショップや、スターバックスを中心とするセルフサービススタイルのコーヒーショップチェーンがイニシアチブを握ったといっても、過言ではありません。忙しい都市生活者にとって、セルフサービスのコーヒーショップは、ちょうど街のコンビニのように深く生活に食い込んでいきました。

チェーンの死角に生まれたカフェ文化

しかし、こうしたセルフサービスのコーヒーチェーンでは満たされない欲求もあります。今流行しているカフェに対する消費者の反応は、マニュアル化されたチェーン店では満たされない死角から生まれてきた、といってもいいでしょう。そうしたものが「癒し系」とか「なごみ系」という言葉で表現され、今のカフェにつながっています。だからカフェははじめから、マニュアル的な画一性を拒否しているようなところがあり、経営者の個人的でパーソナルな発想が原点にあってお店に表現されているわけですから、ひとつにくくれない多様性を持っているように思います。

チェーン系のカフェが利便性を満たすメジャーな市場を形成しているのに対し、今のカフェはオーナーの個人的な想いを形にしています。だからこそ、その想いやテイストが「気持ちがいい」「居心地がいい」と感じるお客さまとの出会いで成り立っている、パーソナルなビジネスといえるでしょう。

これらのカフェは、飽食の時代だからこそ人々が求めている価値感のひとつのスタイルと読み取るべきではないでしょうか。

独立開業から見たカフェの市場

カフェを開くために
ぜひとも知っておきたい
業界知識

カフェのベーシックなスタイルはコーヒー店

カフェという言葉はもちろんフランス語から来ているのはご存知でしょう。しかし私達がこの言葉から受ける印象は、人によってさまざまです。ある人は、ドトールコーヒーやスターバックスであり、ある人は今流行の「カフェめし」であり、ある人はおいしいケーキとコーヒーを提供する店であり、ある人はベーカリーカフェのことを思い浮かべるかもしれません。カフェとはそれほど幅広い業態を含んでいるということを、まず念頭に置いておいてください。

しかし、これだけカフェが幅広い業態であるにもかかわらず、共通するものがひとつだけあります。それは「コーヒーのないカフェはない」ということです。カフェとは、フランス料理店、イタリア料理店、中華料理店、日本料理店といった本格的で専門的なレストランではなく、「食事と食事の間を埋める喫茶」と考えると、コーヒーの歴史はそのままカフェの歴史でもあるといって差し支えないでしょう。これはカフェの本場であるヨーロッパでも日本でも同じです。だからカフェとはコーヒー店をその原点としているのです。喫茶とは広い意味ではお茶のことですが、お茶はブレイクタイムの飲み物であり、外食店ではその飲み物の主なものとしてコーヒーがありました。

ところで、カフェの原型ともいうべき日本のコーヒー店の市場は現在、どうなっているのでしょうか。もっともメジャーな市場を持っているのは、「ドトールコーヒーショップ」、「スターバックスコーヒー」、「カフェ・ベローチェ」、「カフェ・ド・クリエ」、「タリーズコーヒー」など、大手のセルフサービススタイルのコーヒーショップチェーンです。これらのチェーンは、現在、主なもので14チェーン、すべてのチェーンを合わせたお店の数は約2500店、売上規模でいうと2000億円近くなります。今カフェ&喫茶市場全体の市場規模は約1兆2790億円ですから、大手のコーヒーショップチェーンの全体に占める割合は約16％となります。

大手資本の独壇場、セルフのコーヒー・ショップ

ところで、これから独立開業でカフェを開くにはどんなスタイルの店が有望かという点を中心に、つまり独立開業からカフェ市場を見てみましょう。

まず、セルフサービススタイルのカフェですが、これは大手チェーン店の独壇場です。はっきりいってこの市場に個人で挑戦するのは難しいでしょう。もしどうしてもやりたいのなら、個人経営ではなく、フランチャイズチェーンに加盟することをおすすめします。一般的なものとして、直営店だけではなく、フランチャイズの加盟店を募集しているのは、ドトールコーヒー、カフェ・ド・クリエ（4章CASE7を参照）などがあります。

なぜフランチャイズチェーンかというと、セルフサービス店の場合、かなり開業資金がかかります（テナントの入居保証金や店舗及び設備資金などを含め、最低でも4000万〜5000万円）。しかもコーヒーは1杯150〜250円ですから、1日で少なくとも500人以上の客数がなければ採算が取れません。したがって、立地条件はかなりよい場所でなければなりません。以上のような条件を個人経営でクリアするのは、たいへん難しいのです。だからこそ個人で挑戦したければ、寄らば大

フランチャイズの展開をしている「CAFÉ de CRIÉ」

自家焙煎のコーヒー店

もちろんコーヒー店はセルフサービスだけではありません。街中にはサイフォンやドリップで1杯ずつコーヒーを淹れる個人経営のコーヒー店もたくさんあります。その典型的なものは、自家焙煎のコーヒー店です（4章CASE5「カフェ・プラド」参照）。自家焙煎とは、コーヒーの生豆を仕入れて、自分の店でロースト（焙煎）した豆を使ったコーヒーを提供する店のことです。

自家焙煎のコーヒー店は全国にありますが、そのほとんどが個人経営の店です。有名な店としては、沖縄サミットで世界のVIP達にコーヒーを提供した、浅草の「カフェ・ド・ランブル」や京都の「イノダコーヒ」、神戸の「にしむら珈琲店」などが自家焙煎店の老舗です。ほかにも銀座の「カフェ・バッハ」という自家焙煎のコーヒー店があります。決して経営規模が大きいわけではありません。これらの店はみな、コーヒー好きであれば、個人経営規模でも十分挑戦できる業態なのです。カフェ・プラドのオーナーも、大阪あべの辻調理師専門学校を卒業してカフェ・バッハで修業し、お店の現場を体験したのち、独立を果たしています。

いちばんのポイントは当然、クオリティ（品質）の高い、おいしいコーヒーであること。セルフサービスのコーヒーが1杯200円前後だとすれば、少なくとも500円をお客さまから頂いても恥ずかしくない、味と香りのコーヒーをサービスできるほどのこだわりが必要になります。地域のお客さまに「あのコーヒー店はおいしい」という評価をもらうことができれば、イートイン（テイクアウトに対して客席販売のこと）だけではなく、コーヒー豆の店頭販売（テイクアウト）も併行して行うことができます。

テイクアウトのある業態が有望

では今後、商売としてやりがいもあり、個人でも十分に挑戦できるカフェとなると、どんな種類のものが考えられるでしょうか。それは、「テイクアウト」のあるカフェでしょう。

テイクアウトで販売できる商品を持っていれば、イートインだけでなくプラスアルファが期待できます。例えば次のようなスタイルのカフェが考えられます。

・ベーカリー……自家製のパンとカフェを組み合わせたベーカリーカフェスタイル
・ケーキ&カフェ……自家製のケーキとカフェを組み合わせたスタイル

パンやケーキは、他から仕入れるのではなく、自家製造を前提としています。ですからそれだけ儲けも大きくなります。それに自分で苦労して作り上げる商品ですから、やりがいもあります。ただし、いうまでもなくみずからが作るのですから、それなりの技術が必要になってきます。そのための技術を学ぶ学校や現場での実習の道も開かれていますので、自分でパンやケーキを作ってみたいという意欲のある人は真剣に考えてみるといいでしょう。

ところでひと口にパン、ケーキとはいっても、バゲットから食パンやデニッシュペストリー、菓子パンまで、ケーキでは焼き菓子からスポンジケーキ、タルト、クッキーなどと実にたくさんの種類があります。最初からすべての種類をとは考えないで、例えばパンなら菓子パン系に特化する、自家製パンを使った手作りのサンドイッチを、ケーキならフルーツたっぷりのタルトやチーズケーキをと、絞り込んだ専門店スタイルで挑戦してみるのもいいでしょう（1章CASE2「恋花亭」、4章CASE5「カフェ・プラド」参照）。

またこれらのスタイルのカフェは、比較的小さな資本でも開業することができますし、それほど地価の高い繁華街でなくとも、比較的家賃の安い郊外にのびている私鉄やJR沿線の商店街や住宅地、

人気の「カフェめし系カフェ」は立地条件が決め手

最近、流行の「カフェめし系カフェ」とは、コーヒーだけでもいいし、ケーキも食べられて食事もでき、お酒も飲めるマルチタイプのカフェのことです。「カフェめし」の元祖といわれる「パワリーキッチン」や「ロータス」、「オーガニック・カフェ」といったお店に共通しているのは、従来のマニュアル化されたチェーン店に飽き足らない人達が生み出した、新しいスタイルです。これらのお店はほとんどは、恵比寿や原宿、表参道、神宮前、渋谷、青山といった高感度のエリアに集中しています。特に原宿と渋谷を結ぶ裏通りには「カフェめし屋さん」が軒を連ねていますので、ぜひ散策してみてください。

オーナーは個人経営者ですが、彼らはみなそれなりに自分のコンセプトやライフスタイルや価値感にこだわっていて、カフェはその表現、ということができます。一つひとつの店に個性があり、こういう雰囲気を敏感に感じ取れる人達に支持されている、ということがお店に足を運んでみるとわかります。そうしたチェーン店にはない個性を理解するお客さまが集まっている立地でなければ、「カフェめし系カフェ」はなかなか成立しにくいでしょう。東京なら先のエリア、神戸では三宮から元町、大阪では南船場、京都では寺町通りや木屋町などに新しいカフェが集中しています。

では個人で開業するチャンスはないのかといえば、決してゼロではありません。これらのエリアは家賃も高く、個人でお店を出すのは難しいのですが、一本裏道に入ったビルの階上階や、細い路地の

なごみ系カフェのひとつ
「Nid café」

およそ飲食には似つかわしくない場所でしたら、表通りよりははるかに家賃は安くなります。あまり人通りのない場所でも、いったんお客さまが付きはじめると、口コミで広がっていく可能性も大いにあります。1章CASE1「ヌフカフェ」などはその典型です。

カフェのスタイル

あなたは
どのようなカフェを
目指しますか?

カフェの分類

カフェといってもさまざまなスタイルがあります。今人気の「カフェめし」はそのなかのひとつのスタイルにすぎません。カフェのスタイルを大きく分類するとすれば、

・コーヒー、紅茶、日本茶、中国茶といったお茶をテーマにしたお店をテーマにした**飲料系のカフェ**
・デザートやケーキをテーマにした**スイート系のカフェ**、焼き立てパンとカフェをドッキングさせたベーカリー系カフェ
・雑貨、ファッション、ガーデニングなどを併設した**複合型のカフェ**
・和食、洋食(イタリアン、フレンチ、コンチネンタル料理、日本の洋食など)、エスニックなどの料理、飲み物(お酒も含む)を提供し、すべての時間帯をカバーするマルチタイプの**カフェめし系カフェ**

などがあります。もちろんこれだけではありません。これらの分類の間に、それこそ無数のスタイルのカフェが考えられます。ここでは、右で分類したカフェで、特に注目されているカフェのスタイルを、実際のお店(必ずしも個人の独立開業のお店ばかりではなく、メニューや内装、デザインなど参考になれば企業が出店しているお店も含む)を例に挙げて、説明することにしましょう。

自家焙煎コーヒーのカフェ

図表1の参考事例店はどれも自家焙煎のカフェとしてはよく知られた有名店ばかりです。各地域には必ず、こうした自家焙煎のお店が1軒や2軒はあるものです。おいしいコーヒーを売り物にする自家焙煎カフェをやってみたいという人のために、ここで基本的なガイダンスをしておきましょう。まず、自家焙煎店とはいっても、豆売りだけのお店と客席を併設したカフェの2通りがあります。自家焙煎開業に必要な設備費としては、およそ280万〜340万円程度の費用がかかります(詳し

図表1　自家焙煎コーヒー参考事例店

カフェ・バッハ	東京都台東区日本堤1-23-9	Tel 03-3875-2669
珈琲の香	東京都小平市美園町1-8-1	Tel 042-342-5777
たまプラーザビーンズ	横浜市青葉区美しが丘4-19-19	Tel 045-903-1502
珈琲音（かひあん）	栃木県安蘇郡田沼町新吉水345	Tel 0283-62-6074
ゴールデン・ミル	大阪府豊中市東寺内町11-23 緑地グランドビル1F	Tel 06-6380-2020

くは5章「Q&A」参照）。このほかに最低5坪程度の焙煎工房と販売コーナーを併設したお店があれば、自家焙煎のコーヒー豆の販売店は出店することができ、物件取得費用を含めてもぎりぎり数百万円で、理屈の上では自分のお店を持つことが可能です（ただしカフェ併設の場合は、10〜15坪で1000万〜1500万円が必要）。

今やコーヒーはどのような地域でも飲まれていますから、本当にコーヒーのおいしい店と地域の人達に認知されれば、場所は必ずしも一等地である必要はありません。土地や建物の家賃、設備費ともに、たしかに自家焙煎のカフェは小資本でも出店が可能です。しかし問題は、自家焙煎したコーヒーが本当にスーパーや食料品店で売っているコーヒー豆に比べて圧倒的なお値打ち感があるかどうかです。

過去に多少なりともコーヒーを扱う職業にかかわってきた人ならともかく、素人がいきなりこの世界に飛び込むのはリスクが大きすぎます。そのため、1年くらいの期限を決めて、自家焙煎のカフェにアルバイトで（場合によっては無報酬で）見習、実習生として働くことをおすすめします。もちろん生豆を扱っているロースター（焙煎業者のこと。UCC、キーコーヒー、アートコーヒー、ドトールコーヒーなど）やコーヒーの焙煎機メーカーなども、一通りのことは教えてくれますが、やはり実際に現場で学ぶのがいちばんです。

コーヒー以外の飲料系のカフェ

飲料系のカフェとしては、コーヒーを除けば、紅茶、緑茶、中国茶をテーマとしたカフェが代表的なものです。このほかハーブティーの専門店もありますが、マーケットがまだ小さく、やはり個人でカフェという形で経営を成り立

紅茶カフェで代表的なのは東京神田神保町の「ティーハウス・タカノ」、藤沢市の「ディンブラ」、大阪堂島の「ティーハウス・ムジカ」でしょう（図表2参照）。これらのお店のオーナーは、みずからスリランカやインドへ行って直接、茶葉を買い付けてきて、オリジナルブレンドを含め自分達独自のブランドを20年、30年にもわたって作り上げてきました。タカノのオーナー高野健次さん、ディンブラの磯淵猛さん、ムジカの堀江敏樹さんはいずれも紅茶に関する著書もある、紅茶のお店の第一人者です。

ただ、紅茶のカフェの場合は、やはりマーケットがコーヒーほどには大きくありませんので、紅茶だけではなかなか経営が厳しい面もあります。自家製ケーキやパンと組み合わせながらお店のメニュー構成を考えていかないと、集客の面では不安が残るでしょう。もちろん紅茶の仕入れには力を入れていかなければなりませんが、同時に自家製のケーキやパンを売っていかなければ経営は成り立たず、ここに挙げたお店ではすべてそれらを扱っています。

緑茶とはほとんどの場合、昔からある和菓子や甘味系の喫茶店とは違って、日本の緑茶を新しい観点から見直した新スタイルの"緑茶カフェ"です（図表3参照）。タリーズコーヒーが新たに出店した「クーツグリーンティー」や「ZEN茶'fe」のメニューを見ると、そのことがよくわかります。前者は砂糖を入れて飲む抹茶アメリカーノや、抹茶に黒蜜を溶きスティームミルクを注ぎ、きな粉でトッピングしたもの、後者は抹茶エスプレッソや抹茶オレ、緑茶＆レモングラス、緑茶＆ペパーミントなど、従来の日本人の緑茶の飲み方からは考えられないスタイルで提供しています。

こうした新しい緑茶カフェが成り立つ場所といえば、若い人が集まり、新しい流行を受け入れる都心に限られてくるでしょう。日本人にとって飲食店でサービスされるお茶はタダ、という観念が強いですし、このようなアレンジされた緑茶メニューは大都市圏以外の地域では難しいでしょう。図表4の参考事例店は、福岡にある中国茶のカフェはこのところぽつぽつと顔を見せてきています。

図表2　紅茶のカフェ参考事例店

ラビニア	東京都目黒区鷹番3-14-2-101	Tel 03-5722-3773
ティーハウス・タカノ	東京都千代田区神田神保町1-3	Tel 03-3295-9048
ディンブラ	神奈川県藤沢市鵠沼石上2-5-1 丸生ビル2F	Tel 0466-26-4340
ティーズ・リンアン	愛知県尾張旭市庄中町鳥居1820	Tel 0561-53-8403
ティーハウス・ムジカ	大阪市北区堂島浜1-4-4 アクア堂島ビルフォンタナ館3F	Tel 06-6345-5414

図表3　緑茶(和)カフェ参考事例店

ZEN 茶'fe	東京都中央区日本橋室町1-11-2	Tel 03-3270-3672
クーツグリーンティー	東京都港区虎ノ門4-3-1 城山JTトラストタワー1F	Tel 03-5405-7220

図表4　中国茶カフェ参考事例店

遊茶（ゆうちゃ）	東京都渋谷区神宮前5-8-5-100	Tel 03-5464-8088
岩茶房（がんちゃぼう）	東京都目黒区下目黒3-5-3 猿谷ビル2F	Tel 03-3714-7425
古今茶籍（ここんちゃせき）	東京都渋谷区富ヶ谷2-21-11西建ビル1F	Tel 03-5478-1428
慶光茶荘（けいこうちゃそう）	福岡市中央区地行浜2-2-1 福岡ドームホークスタウン内	Tel 092-845-4655

　る中国茶の輸入販売会社、中国茶葉公司の「慶光茶荘」以外は、個人オーナーの店です。オーナーはいずれも何らかの形で中国や台湾から直接茶葉を仕入れている人達が多いようです。紅茶の場合と違って、中国茶カフェの値段は、比較的高級品のせいか、どの店でも1杯1000円前後の値段で提供しています。カフェの一人当たりの客単価は1000円前後、中国菓子や万頭を添える程度でフードメニューは特別提供していない店が多く、また、例外なく中国茶葉の販売も併設しており、一人当たりの消費単価は2000円ほどです。

　最近、個人経営で中国茶のカフェを出店したおもしろいケースとして、原宿の中国茶の販売店とカフェの店「遊茶」があります。店主の一人藤井真紀子さんが、インターネットで知り合った中国茶の同好の士とお金を出し合って共同で開店しました。表参道に面したわずか3坪の中国茶の販売だけの店でスタートしたのですが、思いのほか評判になり、同じビルの5階に10坪、23席の中国茶専門のカフェを開店、今ではコンスタントに月間300万円を売り上げているといいますから、見事に軌道に乗ったお店でしょう。

デザートカフェ、ベーカリーカフェ

デザートカフェは、出来合いのケーキを売るケーキショップとは多少ニュアンスが違います。デザートとは厳密にいえば、料理の最後に出てくる、それ自体あくまで料理なのです。ですからデザートとは、作り置きのケーキとは異なり、お客さまから注文が入って作られる甘い料理、そう考えるとわかりやすいでしょう。

図表5の「カフェ・コムサ白金台店」は、コムサデモードのブランドで有名なアパレルメーカーが自分のファッションフロアに併設して出店している、複合タイプのデザートカフェです。メインは店内で手作りして販売しているフルーツをテーマにしたタルトです。このお店はコムサとの併設で40店舗もあるカフェ・コムサのなかでも頂点に立つデザートカフェでしょう。タルトという比較的簡単なレシピでできるお菓子でも、すばらしいイメージで売ることができるのです。また、「CAFÉ 364JOURS」は不二家が開発した、テイクアウトを兼ねたセルフサービスのデザートカフェです。デザートはウィーン菓子をテーマにしたヴィエノワズリーで、各種のフレッシュケーキ、デニッシュ、パイ、ガレット、スープなどセルフサービスタイプのカフェとしてはユニークな存在です。

デザートカフェの同類として、焼き立てパンとカフェを併設したベーカリーカフェもこれから可能性のあるカフェになるでしょう。特に図表6の「ルヴァン、ルシャレ」は参考になります。ルヴァンはベーカリーでルシャレはルヴァンの隣にあるカフェです。オーナーの甲田幹夫さんは、国産小麦、天然酵母、国産の天然塩にこだわったパン作りで今や「ルヴァンのパン」として知る人ぞ知るお店で、個人がこだわって独立開業したパン屋さんのお手本です。「パンペルデュ」はフランスパンに特化したベーカリーとカフェで成功したお店です。「マコーズ・ベーグル・カフェ」はベーグルパンのカフェで、自由が丘という場所でしっかりと地元のお客さまをひきつけて成功しています。

ベーカリーカフェを個人で開業する場合のポイントは、材料や製造法にこだわったり、あるいは特

図表5　デザートカフェ参考事例店

| カフェ・コムサ白金台店 | 東京都港区白金台5-4-7 | Tel 03-3445-0255 |
| CAFÉ364JOURS | 東京都中央区銀座7-2-17 | Tel 03-3569-3214 |

図表6　ベーカリーカフェ参考事例店

マコーズ・ベーグル・カフェ	東京都世田谷区奥沢7-2-9 自由が丘フコク生命ビル1F	Tel 03-5758-2557
パンペルデュ	横浜市青葉区美しが丘1-9-1	Tel 045-901-4142
ルヴァン、ルシャレ	東京都渋谷区富ヶ谷2-43-13	Tel 03-3468-2456

定の種類のパンに特化したりと、ポイントを絞って特色を打ち出すのがよいでしょう。このような場合、売上の主力はあくまでパンの販売でカフェは従になります。いうまでもないことですが、開業する場合はパン作りの技術を身につけることが大前提です。

立地条件は手作りともなれば朝早くから仕込まなければなりませんので、職住接近が前提条件でしょう。また、今やどんな地域でもパンは日常的な必需品ですから、必ずしも都心の繁華街である必要はなく、住宅地を控えた比較的家賃の安い場所でも、採算に合うだけの集客は可能です。

複合型のカフェ

「ファーマーズ・カフェ」(4章CASE8参照)のオーナー石川博子さん、図表7「オーガニック・カフェ」の相原一雅さん、京都の「シナモ」の伊集院民雄さんといったオーナーは、みなそれぞれ雑貨やファニチャー(家具)の仕事をしていた人達で、自分達の仕事をカフェという空間を活用して表現してみたいという想いからスタートしています。こうした空間表現のひとつの手段として、カフェは非常に有効な媒体となっているのです。

例えば、ファーマーズ・カフェの場合は、表参道のキャットストリートという場所で、たまたま隣がガーデニングのお店だったこともあり、石川さんの「ファーマーズ・テーブル」という雑貨店とカフェの複合のお店が、佇まいにすばらしい相乗効果をもたらしています。相原さんのお店は、もともとモダンファニチャーの家具の輸入販売を手掛けていた

ところから、これを内装のテーマにしたカフェを開業。京都の伊集院さんのお店も、もともと雑貨店を経営したところからスタートした雑貨カフェです。だからオーナーはほとんど例外なく、雑貨やファニチャーの出身者です。もちろんほかにもガーデニングやアクセサリー、小物、ファッション、最近はペット用品を併設するカフェも出現、自分の連れてきたペットと一緒にお茶が飲めるカフェもあります。

さまざまな商品との組み合わせが考えられますが、こういった相乗効果を狙ったカフェの場合、最大のポイントは立地条件でしょう。ある意味、飲料系のカフェもコーヒー豆を売ったり、茶葉や器具を売る販売コーナーを必ず併設していますので複合型カフェには違いないのですが、この場合は、商品も来店動機も同一性があるわけです。しかしここで紹介する複合カフェは、カフェで飲食する動機と併設されている商品を買いに来る動機とは直接にはつながっていません。ですから、雑貨を買いに来る人がカフェにも立ち寄る、カフェに寄った人が雑貨をついでに買う、この2つの動機が結びついて、お互いが相乗効果を上げるためには、それを受け入れるだけの感度を持ったお客さまが集まってくれる場所でなければ、経営を維持していくことは難しいのです。

マルチタイプのカフェめし系カフェ

図表8のカフェめしで紹介している「バワリーキッチン」といえば、カフェめしの元祖です。そのオーナーの山本宇一（やまもとういち）さんが自分のカフェを表して言った「うちは東京の食堂です」という言葉が、カフェめしといわれるようになった由来をうまく表現しています。

朝はちょっとしたパンとコーヒーで、ランチは日替わりのコーヒーが付いた定食スタイル、午後のブレイクタイムはコーヒーまたは紅茶とケーキ、ディナーはお酒を飲みながら一品料理をつまむ、ミッドナイトにはちょっと小腹を満たすため軽くビールとそばですませる。このように朝から深夜まであらゆる時間帯に対応できるのがカフェめしのカフェです。一般のレストランで

図表7　雑貨カフェ参考事例店

| オーガニック・カフェ | 東京都目黒区上目黒1-24-1 | Tel 03-3791-5151 |
| シナモ | 京都市中京区寺町通二条下ル呉羽ビル1F | Tel 075-223-3969 |

図表8　カフェめし系カフェ参考事例店

Riz café	東京都渋谷区神宮前4-28-8	Tel 03-5785-3799
バワリーキッチン	東京都世田谷区駒沢5-18-7	Tel 03-3704-9880
chano-ma	東京都目黒区上目黒1-22-4	Tel 03-3792-9898
アマーク・ド・パラディ	大阪市中央区南船場4-12-21	Tel 06-6252-3341

図表9　エスニックカフェ参考事例店

カフェマングローブ	東京都渋谷区恵比寿3-29-16 ABCアネックスビル1F	Tel 03-5475-3239
tokyo soul diner	東京都江戸川区東葛西5-4-11	Tel 03-3877-5006
クーニャン・カフェ	名古屋市中村区名駅4-25-16 第2日東伸銅ビル1F	Tel 052-586-6136
MANGO SHOWER Café	大阪市中央区西心斎橋1-4-5 御堂筋ビルB1	Tel 06-6253-0253

場合、食事で利用できる時間帯は決まっていますが、カフェめし系カフェはその点がとても柔軟です。

フードメニューも和、洋、中、エスニックにまたがり、なかには和食をアレンジして独自のデザインでまとめ「和カフェ」ブームを巻き起こした「chano-ma」（東京目黒店、横浜赤レンガ倉庫店）のようなお店もあります。ケーキの横には和菓子が並び、アルコールもカクテルからワイン、ビール、ウイスキー、サワー、焼酎まで揃っています。そこには○○屋さんという枠にははまりきらない広がりがあります。

図表9は、カフェめし系カフェ、エスニックカフェを含め、いずれも典型的なカフェスタイルのお店ばかりです。都心部でのカフェめしブームは一段落しましたが、これからは都心部に乗り入れている私鉄沿線で、独身の若者達が居住しているエリアに広がっていくのではないでしょうか。

コーヒー、紅茶、日本茶、中国茶の基礎知識

あなたのカフェでは
どのお茶を
提供しますか？

コーヒー

コーヒーほど世界中の人に飲まれている飲料はほかにありません。世界三大嗜好飲料といわれているものにコーヒー、紅茶、ココアがありますが、紅茶、ココアともコーヒーには遠く及びません。それに加えて日本茶、中国茶というように世界にはその国々によって無数のお茶や飲料がありますが、いずれも限られた地域で普及しているにすぎません。その意味では、南北アメリカ、ヨーロッパ、アジア、中近東に至るまでほぼ全世界をカバーしているコーヒーは、人類が生み出した奇蹟の飲み物といってもいいでしょう。世界で年間のコーヒーの生産量は600万t、ココアが300万t、紅茶が250万tで、量的にもコーヒーは他の飲料を圧倒しています。600万tという数字は、コーヒーカップに換算すると5000億杯という途方もない数字になります。

① コーヒーの産地

植物学上、コーヒーは「コーヒーノキ」と呼ばれ、アカネ科コーヒー属に分類されます。コーヒーの木には成熟すると真っ赤な果実が枝にびっしりとなります。この果実を普通、チェリーと呼んでいます。コーヒー豆とは実際のところ"豆"ではなく、チェリーの中にある種子のことをいいます。種子はごく薄い緑色をしていますのでグリーンビーンズや生豆と呼ばれています。

コーヒーの栽培条件に適している気候条件は、年間平均気温が摂氏20度でしかも年間を通じて大きな気温の変化がないこと、年間雨量が1500〜1600mmでこれも年間を通じて平均していること。こうした条件にぴったりなのが、南北両回帰線（約北緯25度、南緯25度）の間の地域で、このベルト地帯はコーヒー・ベルトまたはコーヒー・ゾーンと呼ばれています。世界最大のコーヒー生産国は何といってもブラジルで世界の30％、このブラジルを含む中南米圏で約70％近い生産高となり、次いでア東南アジア、アラビア・アフリカ圏で、南半球に集中しています。

コーヒーの生豆をハンドピック。機械ではなく人の目だからこそできる細かな作業です（「café Prado」）

ラビア・アフリカ圏20％、東南アジア圏10％です。コーヒーの最大の消費国はアメリカ、次いでドイツ、日本と続きます。コーヒーは南の国々で生産され、北の国々で消費されているといえます。

② コーヒーの味覚

コーヒーの味は基本的には苦味が主体です。これにアクセントとして酸味と甘味が加わり、あの奥深い芳醇な味わいが生まれてくるのです。私達の口に入るコーヒーが生まれるまでには、生豆を焙煎（ロースト）してから、ミル（コーヒー豆を挽く器具）でグラインド（コーヒーの豆を粉にする）し、ネルドリップ、ペーパードリップ、サイフォン、コーヒーマシン等で抽出する、という過程を経ます。この一つひとつの過程がコーヒーの味わいに関係してきますが、何といっても決定的なのは原料の生豆と焙煎の工程です。どんな名人でも材料の品質が悪ければよい品物はできないのです。

③ コーヒーの生豆

コーヒー豆の原種は植物学的には40種類以上といわれていますが、コーヒーの生産に供せられるのは、アラビカ種とロブスタ種の2つと考えていいでしょう。このうちアラビカ種が全体の生産量の8割を占め、もっとも香り豊かでおいしい種類です。ロブスタ種はアラビカ種に比べ味は劣ります。ロブスタ種は単品では飲まずにアラビカ

種のコーヒーの補充としてブレンドされるか、インスタントコーヒーやアイスコーヒー、缶コーヒーの一部として使われています。

コーヒー豆の名称は普通、国名または産地名（例えば、「コロンビア・メデリン」はコロンビアのメデリンという山岳地方のコーヒーの意味）、市場名または輸出する港名（例えば、「ブラジル・サントス」はブラジルのサントス港から出荷されたコーヒーという意味）、その他アラビカ種またはロブスタ種の原種、生産国独自の格付けや等級による名称などがあります。コーヒーの生豆は、市場（主としてアラビカ種はニューヨーク、ロブスタ種はロンドン、東京穀物商品取引所では両方）で品質や等級によって値段が決められ、世界中に輸出されています。コーヒー豆はもちろんコーヒーの原料ではありますが、それ以上に小豆、大豆、トウモロコシといった、国際的に取引される先物相場（将来一定期間に受け渡す条件で売買契約をすること）の対象となる商品でもあるので、価格はその相場によって変動します。

④ 焙煎（ロースト）

生豆をローストしてはじめて、あの芳醇な香り高いコーヒーに変身します。コーヒーの生豆の品質、等級に次いでこの焙煎の工程がコーヒーの味覚にとっては決定的です。

焙煎はその煎り方の度合いによっておよそ7段階に分類されています（図表10参照）。アメリカ人やイタリアという国名は、その国で飲まれている平均的な嗜好を言い表しています。例えばアメリカ人はもっとも焙煎の浅い味を好み、イタリア人はもっとも焙煎の深い、デミタスカップで飲むあの芳醇で苦味の強いエスプレッソコーヒーを好むのです。その中間にドイツ人やフランス人が好むコーヒ

図表10　焙煎（ロースト）の7段階の分類

段階	名称	状態
1	シナモン・ロースト（アメリカン・ロースト）	浅煎り
2	ミディアム・ロースト（アメリカン・ロースト）	普通煎りの浅め
3	ハイ・ロースト（ジャーマン・ロースト）	普通煎りのやや深め
4	シティ・ロースト（ジャーマン・ロースト）	普通煎りの深め
5	フルシティ・ロースト（ヨーロピアン・スタイル）	やや深煎り
6	フレンチ・ロースト（フランス式ロースト）	深煎り
7	イタリアン・ロースト（イタリア式ロースト）	もっとも深煎り

65-64

ーがあります。ひと昔前の日本では、浅いローストのアメリカンが主流でしたが、イタリア料理の普及やエスプレッソコーヒーを売り物にしているアメリカシアトル系のコーヒーチェーン（代表的にはスターバックスコーヒー）や、イタリア系のコーヒー店が続々と日本に出店して以来、深煎りのイタリアンやフレンチ・ローストに人気が出てきました。これからは、深煎りタイプのコーヒーが主流になってくるのではないでしょうか。

コーヒーの典型的な属性である覚醒作用のあるカフェインは、熱に弱いので、深煎りのフレンチやイタリアン・ローストのほうが含有量は少ないのです。また、赤ワインに多く含まれている抗酸化作用のあるポリフェノールがコーヒーにも含まれており、あらためて健康飲料としてもコーヒーは見直されてきています。

⑤ コーヒーの抽出

焙煎された豆を必要な分だけミルで挽いて粉の状態にしてから、コーヒーの粉にお湯を通してコーヒー液を抽出する最後の工程に入ります。

通常、コーヒー1杯ごとに抽出するやり方と、一時に連続的に抽出できるマシンを使う場合とがあります。比較的経営規模が小さな個人経営の店や、コーヒーが売り物のコーヒー専門店などは前者のやり方、後者のマシンを使う店は、カフェなどのようにコーヒーだけでなくアルコールや料理を提供し1杯ごとにコーヒーを淹れる余裕のない店や、1日500人以上のお客さまが来店するセルフサービスのコーヒーショップチェーンなどで使われます。

人手をかけて1杯ごとに抽出するやり方としては、ネルドリップ式、ペーパードリップ式、サイフォン式が代表的な抽出方法です。ネルドリップは、ネルの濾し布に粉を入れ上からお湯を通して抽出する方法です。苦味の強さ、酸味の強さ、濃い、薄いなどさまざまなタイプのコーヒーに対応できる、優れた特性を持っています。しかし、ネル布の洗浄の手間や多人数の抽出に時間がかかりすぎるなど、

短所もあります。ペーパードリップは原理的にはネルドリップと同じですが、ペーパーで濾します。家庭でレギュラーコーヒーを飲む場合は、ほとんどがこのペーパー式です。使い捨ての簡便性がこの抽出法の特徴ですが、これも一時に多人数のコーヒーを淹れるにはあまり適していません。サイフォン式は別名真空濾過方式ともいい、ネルドリップ同様、コーヒー専門店で使用されているケースが多く、使い慣れないとコーヒーに濁りが出てしまい、ドリップより扱いが難しいでしょう。

⑥ コーヒーの仕入

コーヒー豆の仕入については、独立開業する立場から見ると、2通りのやり方があります。ひとつは、自家焙煎コーヒー店といわれるカフェの場合。これはコーヒーの生豆を仕入れてきて、自分のお店で焙煎してオリジナルのコーヒーを売ります。もうひとつは焙煎業者（ロースター）から焙煎されたコーヒー豆を仕入れてくる場合です。コーヒーを主力に売るカフェの場合は、自家焙煎のほうが付加価値も高く、オリジナリティも出せるわけですから、それだけ商売のうまみも大きいといえます。ただロースターから焙煎豆を仕入れる場合でも、焙煎豆の品質をよく見極めて、高品質の豆を仕入れる努力（図表11参照）を怠ってはいけません。巻末の資料2に生豆と焙煎豆の両方の仕入に応じてもらえ、しかもほぼ全国的なネットワークを持っているロースターを紹介しておきます。ただしこのほかに各地域ごとに、中小のロースターもたくさんありますので、取引を開始する場合は、地元のロースターも視野に入れておくとよ

図表11　高品質の生豆と良質な焙煎豆の見分け方

見分けの指標		評価のポイント
成熟度	生豆	よく成熟し、ひきしまった肉質
	焙煎豆	ふくらみがよく、ボリューム感がある
色沢	生豆	色沢が均質で、美しい肌合いを持つ
	焙煎豆	煎り上がりが整っており、外見が美しい
匂い	生豆	新鮮な匂いがする
	焙煎豆	すぐれた芳香を持ち、風味がよい
欠損豆の有無	生豆	欠損豆がなく、形状が安定している
	焙煎豆	異味がなく、異臭がない。品質が安定している
粒の大きさ	生豆	粒がよく揃い、均一である
	焙煎豆	焙煎しやすく、均質性が保たれる
乾燥度	生豆	乾燥度が一定で、ムラがない
	焙煎豆	煎りムラがなく、味が落ち着いている

紅茶

紅茶とは紅茶の木からとれるわけではありません。実は紅茶も日本茶も中国茶も同じ、ツバキ科ツバキ属の永年性常緑樹（学名はカメリア・シネンシス）の同じお茶の木から収穫された新芽や葉から作られています。では、なぜそれが紅茶や日本の緑茶、烏龍茶に分けられるのかといえば、それは製法の違いからです。葉を完全に発酵させたものが紅茶、発酵させずに蒸し上げることで酸化酵素の働きを止めたものが緑茶、発酵を途中で止めたものが烏龍茶となります。紅茶が持つ固有の香りや風味は、その紅茶が産出される産地の固有の気候や風土によってもたらされるものなので、紅茶は産地名がそのまま紅茶の銘柄となっています。

なかでも、インドのダージリン、スリランカのウバ、中国のキーマンは世界の三大銘茶といわれています。

① 世界の代表的な紅茶

インドの紅茶

世界最大の紅茶産出国はインドで年間75万t。全世界の生産量の30％を占めています。

【ダージリン──Darjeeling】ダージリンは世界三大銘茶のひとつ。東ヒマラヤの霊峰カンチェンジュンガ（8598m）の山麓、ダージリン地方の標高500～2000mの高地で産出される紅茶のこと。昼夜の寒暖差が激しく、そのために発生する霧と湿り気を含んだ空気が紅茶に独特の香りを作り出している。ダージリン紅茶は収穫のシーズンによって、味も香りも異なり、3月から4月

に収穫される柔らかい新芽をファーストフラッシュ（一番摘み）といい、そのフレッシュな味わいは格別でストレートで味わうのがよいとされている。6月から7月に収穫されるのがセカンドフラッシュ（二番摘み）といい、そのフレーバーはマスカット・フレーバーといわれ、マスカットにも似た香りで、ダージリン紅茶のなかでも最良品といわれている。9月から11月に収穫されるのがオータムナル（秋摘み）で、少し渋味が加わった味わいはミルクティーに適している。

【アッサム──Assam】 北東インドのブラマプトラ川の両岸一帯のアッサム地方でとれる紅茶で、ここは世界で最大級の紅茶生産地。甘味が強く、濃い茶褐色で深い芳醇な香りが特徴。

【ニルギリ──Nilgiris】 南インド、西ガーツ山脈の丘陵地帯のニルギリ高原で産出される紅茶で、標高1200〜1800mの広範囲に及び、気候風土の関係からスリランカの紅茶と同じタイプの紅茶が生産される。明るい鮮紅色で味が強く、独特の香り。ストレートティー、ミルクティー、レモンティーのどれでも楽しむことができる紅茶。

セイロンの紅茶

スリランカはかつてセイロンといわれていましたが、国名は変わっても紅茶だけは国際的にも「セイロン紅茶」と呼ばれています。生産量でこそインドに次ぐ2番目ですが、輸出量は世界一です。生産地のほとんどは、インド洋に浮かぶこの島のほぼ中央の山岳地帯の周辺に集中しています。

【ウバ──Uva】 世界三大銘茶のひとつであるウバ紅茶は、中央の山岳地帯の東南側のウバ地区で産出される紅茶のこと。南西モンスーンのもたらす乾燥期の8月から9月にかけて収穫される茶葉がもっとも良質とされ、スミレやスズランの香りを思わせる独特のウバ・フレーバーが特徴。ミルクティーによく合う。

【ヌワラエリヤ──Nuwara Eliya】 ウバとは山脈を挟んで反対側のもっとも高地で産出されるハイ・グロウン・ティー（標高1300m以上の高地で生産される高級茶のこと）のある斜面で生産される紅茶。緑茶に似た適度な渋味があり、優雅でデリケートな味わい。ストレートでもミルクテ

【ディンブラ──Dimbula】ヌワラエリヤより少し標高の低いハイ・グロウン・ティーの産地の紅茶として知られ、ヌワラエリヤよりも柔らかな渋味と、マイルドながら強い香りがある紅茶で、高級茶のひとつとされている。

【キャンディ──Kandy】スリランカの古都、キャンディを中心とする地域で生産される紅茶。標高670〜1300mで生産されるミディアム・グロウン・ティー。渋味は少なく、強いコクがあり主としてブレンド用として使用。

【ルフナ──Ruhuna】標高670m以下の低地で産出される代表的なロー・グロウン・ティー。黒っぽい茶葉で香りはあまり強くない。価格が安く生産量も多いためブレンドや増量用として使用される。

中国の紅茶

中国はお茶の発祥の地で、最近の中国茶は主として健康茶として、日本でも人気を呼んでいます。中国にはたくさんのお茶の種類がありますが、紅茶は緑茶、黄茶、白茶、青茶、黒茶など、お茶の種類のひとつとして分類されています。

② 紅茶の等級

紅茶の茶葉の等級（グレード・図表12参照）とは品質のことではありません。厳密には工場で乾燥の工程を終えた、形状も大きさもバラバラの茶葉を同じ大きさに区分することをいいます。なぜなら大きさが異なる茶葉を使って抽出すると、大きい葉は小さい葉よりもそれだけ抽出時間がかかり、おいしい紅茶を抽出できないからです。そのため、最後の工程で茶葉の同じ大きさや形状の茶葉に区分するわけです。

茶葉にはチップと呼ばれるものがあります。これは茶葉の一芯二葉という、2枚の葉の中心に付い

図表12　紅茶の等級

名称	備考
【リーフ(茶葉型)】	
OP(オレンジペコー)	7～11mmの細長く、よりがかかった大きい茶葉のこと。ダージリンやキーマンに多い。特にFOPは新芽が多く含まれる高級品。よくいわれるオレンジペコーとは銘柄のことではなく、等級のこと。
P(ペコー)	太めのOPの次に長い茶葉。
PS(ペコー・スーチョン)	Pよりも短い茶葉。
S(スーチョン)	太めの小さい茶葉。
【ブロークン(砕茶型)】	
BOP(ブロークン・オレンジペコー)	OPをカットしてふるいにかけて2～3mmに揃えた茶葉。味が濃く香りもよい。OPと共に日本では人気の高い茶葉である。
BPS(ブロークン・ペコー・スーチョン)	PSをカットしたもの。増量などに用いられる。
【ファニング&ダスト】	
BOPF(ブロークン・オレンジペコー・ファニング)	BOPをふるいにかけたときに落ちてくる1～2mmほどの小さい茶葉。
F(ファニング)	BOPFをふるいにかけたときに落ちた、砕けた茶葉や芽。
D(ダスト)	Fよりさらに細かい塵状の茶葉。

ているこれから葉に成長する新芽のこと。このチップが多く含まれているものは、等級の頭にF（フラワー）という表記が付いています。またTG（Tippy Golden）という表記はその年の最初に摘んだファーストフラッシュ（＝ゴールデンチップ）といわれる薄い黄色がかったチップが多く入っているという意味です。どちらとも収穫時期が限られているために、高い値段で取引される高級品です。

③　紅茶の仕入

業務用として紅茶の茶葉の仕入先は、トワイニング、フォートナム・メイソン（片岡物産）、リプトン、ブルックボンド（BBLジャパン）、日東紅茶（三井農林）、フォション（グルメール）、ライオン（明治屋）、リッジウェイ（ハマヤ）、ジャクソン（宝商事）など、日本人によく知られた有名ブランドがあります。これらのブランドは、一般家庭用のほかに業務用としても販売されています。これほどメジャーなブランドではなくても、前述したムジカやディンブラ、ティーハウス・タカノなどの小さな規模の紅茶専門店から仕入れる方法もあります。これらの専門店は業務用の卸しの相談にも乗ってくれます。

日本茶

カフェや喫茶市場では、日本茶は甘味喫茶や和風喫茶といわれるタイプのお店で定着してきましたが、最近では緑茶に砂糖やミルクや黒蜜を加えるなど、伝統的な茶の文化とはまったく異なるスタイルのカフェが、若い人の間で広がりつつあります。日本人にとってあまりにもなじみすぎている日本茶の世界にも、今にカフェを通じて新しい風が吹いてくるかもしれません。

① 日本茶の製法

　紅茶、中国茶は程度の差はありますが、発酵させるお茶です。それに対して日本茶(特に緑茶)は発酵させないお茶。不発酵茶は、摘んだ茶葉を酸化しないように蒸すか、釜で炒り酸化酵素の働きを抑えて発酵を止めるところに特徴があります。こうすることで茶の美しい緑色が残り、お茶に含まれるビタミンCやその他の成分が失われないですむのです。最近は、日本や中国の緑茶について健康面でたいへん有益な作用が研究され、消費者の緑茶に対する関心は非常に高くなってきています。製造の基本的な工程は次の通りです。

1. 茶摘み＝摘菜ともいい、4月下旬から5月頃に新芽を摘みます。この時期のものを一番茶といいます。二番茶は次に出てきた新芽で5月下旬から6月上旬、三番茶は7月下旬の新芽で作られるお茶のことをいいます。
2. 蒸熱＝生葉に蒸気を当てて酸化するのを止めます。
3. 冷却＝茶葉の水分を飛ばしながら冷やして変色するのを防ぎます。
4. 揉む＝揉む工程は、「粗揉」(揉みながら熱風で乾燥させる最初の工程)から「中揉」(茶葉の成分が湯の中に溶けやすくするようにやわらかく揉みほぐす)、次に「揉捻」(茶葉を再び揉みながら熱風で乾燥させる工程)を経て、最後に「精揉」(熱を加えながら茶葉の形を整え

る）となります。揉むという工程は、このような4つの段階を踏んでいきます。

5. 乾燥＝茶葉を十分に乾燥させ、水分含有率を7、8％くらいにします。ここまでの工程を終えたお茶を「荒茶」といいます。

6. 整形＝葉、茎、粉が入り混じっている荒茶をふるいにかけ、切断して大きさを均一にします。

7. 火入れ乾燥＝さらに乾燥させ緑茶の風味をいっそう引き出します。

8. 選別＝茎などを取り除きます。

9. 合組＝茶葉をブレンドして製品の均一化を図ります。この段階までのお茶を仕上茶と呼び、この後包装して商品が完成です。

② 日本茶の種類

　日本で生産されるお茶の8割を占めており、もっとも日常的に飲まれている種類。

【煎茶】

【深蒸し茶】　煎茶と同じ製法で作られるが、茶の芽葉を煎茶の製法より2、3倍多い蒸気で蒸し上げたお茶。

【かぶせ茶】　ワラやカンレイシャなどで茶園を覆って育てた玉露に次ぐ高級茶。

【玉露】　お茶の新芽が伸び出した頃によしず棚などで茶園を覆い、直射日光が当たらないようにして栽培した茶葉で作った茶。高級茶の代名詞。

【抹茶】　玉露と同じく新芽が伸び出した頃に覆いをして栽培し、蒸したものを揉まないで作ったお茶。碾茶を茶臼で挽いて粉末にしたもの。茶道に使われるお茶。

【碾茶（てんちゃ）】

【玉緑茶】　鉄製の釜で茶葉を炒って仕上げたお茶。

【番茶】　伸びて硬くなった新芽や茎を原料に炒って作るお茶。

【ほうじ茶】　番茶や茎茶を強火で炒って作ったお茶で香ばしさが特徴。

【玄米茶】 番茶に炒った玄米を混ぜて香ばしく仕上げたお茶。

中国茶

最近は、よく名前の知られた何種類かの中国茶をドリンクメニューに加えているカフェも増えてきています。烏龍茶、普洱茶（プーアルチャ）、ジャスミン茶といったポピュラーな銘柄に加えて、最近は、龍井茶（ロンジンチャ）、岩茶（がんちゃ）などが人気を呼び、中国茶の市場は確実に広がってきています。

① 中国茶の製法と分類

広い中国ではほとんど無数といってよい種類のお茶が栽培されていますが、わかりやすい分類としては色による分類です。青茶、緑茶、黒茶、紅茶、黄茶、白茶の6つの分類があります。色の違いは主として製法による違いです。日本茶と同じく発酵させない不発酵系の緑茶、後発酵系の黒茶と黄茶、100％の発酵茶である紅茶、弱発酵系の白茶などです。

② 中国茶の種類

青茶（チンチャ）

青茶は半発酵のお茶で、次のような種類のものが代表的です。

【凍頂烏龍茶（とうちょうウーロンちゃ）】 台湾の凍頂山を産地とする烏龍茶で烏龍茶のなかでも最高級のお茶。

【白毫烏龍茶（はくごう）】 古くから欧米に輸出されていた台湾の烏龍茶。

【安渓鉄観音（あんし）】 鉄観音とは茶の樹の品種の名前。福建省の南、安渓産が最上品。

その他、台北の文山で作られる文山包種（ぶんさんほうしゅ）や、福建省の武夷山で作られる武夷岩茶（ぶいがんちゃ）などは、日本人にも人気の高い緑茶です。

緑茶（リュウチャ）

日本の緑茶と同じ不発酵茶です。日本の緑茶は蒸すことによって発酵を止めますが、中国では釜炒りがほとんどです。中国ではこの緑茶がもっとも生産量が多く、たくさん飲まれているお茶です。

【龍井茶】（ロンジンチャ） 風光明媚な浙江省杭州西湖周辺が産地。清々しい香りで人気のある緑茶。

【碧螺春】（ピロチュン） 茶葉の形状が螺という巻貝に似ているところからこの名前が付いたといわれる。西湖の北にある太湖周辺が産地で、フレッシュ感のある緑茶。

黒茶（ヘイチャ）

乾燥させる前の緑茶を加熱加湿して、麹菌を加えて発酵させた後発酵のお茶。黒茶といえば普洱茶というくらいの代表的なお茶。雲南省が産地で香港や広東などでよく飲まれている。

【普洱茶】（プーアルチャ）

紅茶（ホンチャ）

酸化酵素の働きで完全に発酵させたお茶で、世界三大銘茶のひとつ「祁門茶」がもっとも有名。

【祁門紅茶】（キーマンこうちゃ） 安徽省の祁門が原産地であるところからこの名前が付いている。「中国茶の（ワインで有名な）ブルゴーニュ酒」と形容されるほど芳醇で味わいがある。深い香りと独特の味わいがある。

黄茶（ホァンチャ）

黄茶は乾燥させる前に、積み重ねて発酵させる後発酵茶で、発酵度は浅く、緑茶に近い味わいがある。高級茶の部類に入り、有名なものとしては湖南省洞庭湖にある君山島が原産地の「君山銀針」（くんざんぎんしん）、「蒙頂黄芽」（モンディンホァンヤー）「雀山黄芽」（フォシャンホァンヤー）などがある。

白茶（パイチャ）

白いうぶ毛のある新芽を釜炒りや揉捻の工程を省き、乾燥させて仕上げる弱発酵のお茶。上品な香りと味わいがあり、代表的なものには「白毫銀針」（はくごうぎんしん）があり、生産量が限られている高級品。

愛読者カード　　※ご購読ありがとうございました。今後、出版企画の参考とさせていただきますので、各欄にご記入の上、お送り下さい。

書名

●本書を何によってお知りになりましたか
　□書店で見て　　□広告を見て　　□書評を見て　　□人に勧められて
　□DMで　　□テキスト・参考書で　　□インターネットで
　□その他 [　　　　　　　　　　　　　　　　　　　　　　　　　　　　　　]

●ご購読の新聞 [　　　　　　　　　　　　　　　　　　　　　　　　　　　　]
　　　　雑誌 [　　　　　　　　　　　　　　　　　　　　　　　　　　　　　]

●関心のある分野・テーマ
　[　　　　　　　　　　　　　　　　　　　　　　　　　　　　　　　　　　]

●本書へのご意見および、今後の出版希望（テーマ・著者名）など、お聞かせ下さい

お名前	ふりがな	性別	□男 □女
		年齢	歳

ご職業 学校名	

Eメール		電話	（　　　）

ご住所	〒 [　　　　　　　　　]

お買上 書店名	市・区　町・村　　　　　　　　　書店

料金受取人払

本郷局承認

1667

差出有効期間
平成18年2月
28日まで

郵便はがき

113-8790

408

(受取人)
東京都文京区本郷1・28・36

株式会社　ぺりかん社

一般書編集部行

購入申込書	※当社刊行物のご注文にご利用ください。	
書名		定価 [　　　円+税] 部数 [　　　部]
書名		定価 [　　　円+税] 部数 [　　　部]
書名		定価 [　　　円+税] 部数 [　　　部]
●購入方法を お選び下さい (□にチェック)	□直接購入 (送料500円+税がかかります。 　　　　　商品到着後、郵便局でのお支払いとなります) □書店経由 (本状を書店にお渡し下さるか、 　　　　　下欄に書店ご指定の上、ご投函下さい)	番線印 (書店使用欄)
書店名		
書店 所在地		

書店様へ：本状でお申込みがございましたら、番線印を押印の上ご投函下さい。

3章

学ぶ

カフェの開業に必要なスキルを身につけるには？

カフェ開業に役立つ学校

開くカフェの
コンセプトに合った学校を
セレクトしよう

素人に心強いカフェの学校とは

カフェを開業してみたい、と考えている人にとって、将来、飲食のプロを養成するための専門学校は頼りになる存在です。カフェの開業に必要な経営、料理、接客、店作りに必要となる基礎的な知識を、わかりやすく段階を踏んで教えてくれます。昔は、調理師専門学校や製菓製パン学校、喫茶学校とそれぞれ専門分野ごとに分かれていましたが、最近はカフェ専門のコースを設ける学校も増えてきています。

これからのカフェの経営は、お店のサービスや雰囲気だけではなく、コーヒーやお茶、ケーキ、パン、料理など、メニューについても本格的なプロの味が求められる時代になってきています。カフェは素人でもできる、という安易な考えは通用しなくなってきています。これからカフェを開業しようとする人は、プロになるための自分に対する投資を惜しんではなりません。もしあなたが飲食店に関してまったくの素人ならば、多くの専門職への道がそうであるように、まず、その道の専門学校に行き、1年なり2年なりみっちり学んだのち、さらに実際の現場で一定期間、実地体験を積んでから独立するというやり方をおすすめします。

自分のお店を開業したからといって、それでプロになれたわけではありません。その後もお店の経営を維持していくための努力が続くのです。プロの道にエンドマークはありません。カフェの開業を志すということは、その道のプロを目指すということ。学科と実習を学ぶ学校は、その第一歩です。こうした基礎的なプロセスを踏むことによってはじめて、次のステップである実際のお店での実地体験が、生きたものになってくるのです。

ここでは、カフェ開業を目指す人向けの専門学校や、それに準ずるカリキュラムを準備している学校を紹介します。（学校についての問い合わせ先は巻末の資料1参照）。

大阪あべの辻調理師専門学校・カフェクラス

大阪・阿倍野区松崎町にある、大阪あべの辻調理師専門学校の調理師本科のなかに設けられているのが、カフェクラスです。カフェの開業と経営に必要な知識と実務を修得できると同時に、調理師免許も取得できます。同校はすでに過去の実績においてはトップクラスの専門学校で、設備、講師陣とも申し分のないレベルの学校といっていいでしょう。

カフェクラスのカリキュラムには次のような授業内容が加わります。

① フレンチ、イタリアン、日本料理、中国料理、エスニック料理の基礎から応用技術、メニュー開発、食材の知識、食材の仕入と原価管理、ドリンクとの相性研究といった料理の基本
② カフェのメニューに欠かせないデザート、スイーツ（お菓子）、パン、デリカテッセンの作り方
③ コーヒー、紅茶、中国茶、フレッシュジュースの商品知識
④ ワイン、カクテルなどアルコールドリンクの知識
⑤ カフェの開業と経営の知識
⑥ カフェの差別化にとって重要なインテリアデザインやレイアウト、厨房の設計など、空間デザインの知識など

また卒業後、「カフェで働きたい」「いつかは自分のカフェを開きたい」という人のために、現場での働き口も豊富に用意（求人倍率は2003年度実績で6倍）されています。

さらに、毎日学校まで通う時間がない社会人のために、同校では調理師専門学校の別科として、通信教育講座を設けています。受講期間は1年間で、辻調の西洋料理講座、日本料理講座、中国料理講座、同じく辻製菓専門学校の別科として、製菓技術講座、製パン技術講座があります。

1年間在宅したままで、送られてくるビデオ24本（年間／毎月2本）またはDVD（年間／毎月1本）、テキスト12冊（年間／毎月1冊）、教科書1冊をもとに年間カリキュラムが組まれ、双方向の学

レコール バンタン (L'ecole Vantan)

同校は学校法人ではなく企業法人です。あえて無認可校であることによって、自分達のプロ教育に対する理念が実現できるという独自の考え方を持った異色の学校。学校法人の条件のひとつである、教員の半数以上が専任講師でなければいけないという決まりを逆手にとって、「100％現役の現場のプロ講師陣」というやり方のなかに同校の考え方がよく表れています。

カリキュラムは、製菓、製パン、ドリンク、調理等の実習課程と製菓製パンの材料学、食品学、フランス語、ショップ、メニュープランニングなどの講義課程の2つの基礎的なカリキュラムで編成される1年次と、より専門的で高度な内容の2年次とがあり、カフェ開業のクラスとしては3つの専攻科を設けています。

① カフェプロデュース専攻（ワークス本科2年次選択）——カフェの複合業態の企画や運営手法、カフェメニュー開発、メニューやショップのデザインワークがある

② ベーカリーカフェ専攻科（1年次）——製パンの実技、ベーカリーカフェに必要なコーヒー及び各種ティー及び製菓実習、ベーカリーのマーケティング及びショッププランニングなど

③ デリカフェ専攻科（1年次）——最近トレンドになっている「カフェめし」を想定した調理、デザート、ドリンク及びショップ&メニュープランニングなど

習が可能となっております。その他に希望すれば、5日間、延べ30時間の実習も受けられるシステムになっており、すべてプロ仕様で、その充実した内容には定評があります。通信教育にかかる費用は、入学金が6000円、受講料が14万4000円の計15万円、スクーリング（選択制）が5万円、すべて受講しても20万円です。本科に入学するよりは費用はずっと安上がりでしょう。時間的あるいは費用的な余裕のない人は、こうした通信教育講座を活用してみるのもいいのではないでしょうか。

カフェズ・キッチン

日本カフェプランナー協会（同協会の商標登録）が認定しているカフェビジネスのためのスクール。

カリキュラムは主として次の4つのコースで構成されています。

① カフェビジネスコース——カフェビジネスのプロフェッショナルを養成するコースで、カフェの開業及び経営に必要な知識を習得するコース

② オプショナルコース——自宅でカフェを開業したい人などを想定したコーヒー、紅茶、パン、ケーキなどの実習などを含む短期コース

③ 独立開業コース——カフェの独立開業を目指す人のための経営、メニュー、ショップ作りなど実習を重視したコース

④ 独立開業サポートコース——独立してカフェを開業する人達をサポートするための実務的なカリキュラムを中心としたコース

他に1日体験コースや、同協会が認定しているカフェプランナー資格受験のための対策コースなどがあります。

日本喫茶学院

同学院は昭和41年に設立された喫茶・飲食店の開業と経営を志す人達を対象としており、すでに30年以上の歴史がある学校です。主としてカフェや喫茶店に関しては次の3つの講座があります。

① 開業経営基本講座——喫茶店ばかりでなく、居酒屋やお好み焼き屋など個人の独立開業を対象とした講座

② 喫茶飲食店専科コース——こだわりのコーヒーをはじめ、各業種別の開業に必要な計数、資金計画、店舗設計、立地条件、メニュー開発などにわたって学ぶコース

③ 各種専門講座──飲食店の業種別の独立開業のための講座で、喫茶・カフェのための独立開業コースがある

心斎橋コーヒー院研究所　喫茶学校案内所

喫茶、カフェを目指す人達のためのコンサルタントまでを含めた学校。同研究所は喫茶学校で授業を行うだけではなく、開業後のサポートも行っています。また傘下に喫茶店の直営店を持っており、調理や接客の実習にも開放されています。開業に関する指導内容は次の通りです。

① 研究科目──店舗設計、立地診断、喫茶店・カフェの開店計画、販売促進、資金計画、融資対策など

② 授業要綱──調理実習、技術指導、メニュー構成、接客サービス

③ その他──価格設定、アルバイト募集計画、教育計画、仕入計画、設備、什器、備品購入計画など

珈琲工房HORIGUCHI

コーヒーの研究家であり、みずからも世田谷と狛江でコーヒー店や焙煎工房を経営する堀口俊英さんが主宰するコーヒー（店）のための研究所。コーヒー豆は冷凍で保存し、冷蔵状態で流通させるべきだといい、あるいはニュー・クロップ（その年に収穫されたコーヒー豆のこと。それ以前に収穫されたものをオールド・クロップという）こそもっとも望ましい品質のコーヒー豆であるという、それまでオールド・クロップ至上主義のコーヒー業界に異論を唱えた異色のコーヒー研究家で知られる。その主張は『コーヒーのテースティング』『コーヒーの事典』（柴田書店）や『コーヒー健康法』（マキノ出版）など多くの著書に網羅されている。

珈琲工房は、コーヒー店やカフェ、喫茶店、レストランなどおいしいコーヒーを追求する人のため

に、工房を開放し、開業に向けてのセミナーを定期的に開催している。特にコーヒーに関する講座は充実しており、セミナーのプログラムとしては、次のような内容がある。

① 抽出基礎編──コーヒーの生豆の品質とドリップ方式の抽出法について
② カッピング編──カッピング（テイスティング）の技法と評価基準について
③ ロースト編──正しいコーヒー生豆の評価基準と実際に1㎏用の焙煎釜を使ってロースト（焙煎）する実習
④ 開業編──将来、独立開業を目指す人が対象の講座で、コーヒー専門店、カフェ、エスプレッソバール、コーヒー豆の販売店などの事例をもとに開業に必要な実践的なノウハウを提供
⑤ エスプレッソ編──珈琲工房世田谷店で、実際にイタリアパボーニ社のエスプレッソマシンを使ってエスプレッソやカプチーノの実習。この講習はそのままバリスタの養成講座になっている
⑥ 抽出応用編──ドリップ方式の復習とネルドリップ方式やサイフォン方式など抽出の応用講座
⑦ ブレンディング編──コーヒー豆のそれぞれの特徴を説明したのち、より深みのあるコーヒーの味覚を引き出すブレンドに関する技法を教える

カフェの現場で学ぶ

カフェの開業には
知識と経験が
必須！

実際のお店の現場を体験しよう

「カフェ開業に役立つ学校」では、もっとも基礎的な知識を学ぶ場として各種の学校を紹介しましたが、では学校で勉強すれば事足りるかといえば、そうではありません。独立開業を目指すみなさんが、実際にお店の現場で一定期間（少なくとも半年から1年間程度）、働いてみることが必要です。学校で学んだことも現場を体験してはじめて、「ああ、そういうことだったのか」と知識がより明確に認識されてきます。

学校と現場は違います。大きな点は「量と時間」です。

ひとつは「量」。料理について、学校では作り方（レシピ）の基本はきちんと教えてくれます。しかし実習で作る分量はせいぜい1人前か2人前。しかしお店では何十種類もの料理を、それも毎日作らなければなりません。1人前を作るやり方と10人前を作るやり方とは根本的に違います。材料の分量も調味料の分量も加熱の仕方も違うのです。もうひとつは「時間」です。お店という現場では、お客さまが注文してから必ず一定の時間内に料理を提供しなければなりません。学校の実習とは違い現場は真剣勝負ですから、注文した料理があまりにも遅いとお客さまは二度と来てくれないでしょう。

こうしてお店で実際にお客さまをお迎えして、料理を作り、サービスしてみてはじめてわかることがたくさんあります。だったら学校になんか行かないで、最初から現場で勉強したほうがいいという意見もありますが、学校では基本的なことを系統的に教えてくれます。知識と技術が一通り頭に入っていますから、現場に入ったときに、仕事がより早く理解できるのです。まったく白紙の状態で現場に入った人とは大きな違いが出てきます。

どんなお店で研修をしたらいいか

では実際にお店の現場で研修するには、どんな基準でお店を選んだらいいでしょう。ただし現場で

お店の現場を経験してみては？（「Riz café」）

研修をするといっても、その前に前提条件があります。それは、自分がどのようなスタイルのカフェをやろうと思っているのか、まずお店のコンセプトをはっきりさせておくことです。そもそもこの場合の研修とは、自分が目指すスタイルのお店のイメージやコンセプト、計画があってこそのものです。そこに明確な目的意識があってこそ、現場での研修も生きたものになってきます。その点を踏まえた上で、次の2つのことを念頭に置いて選んでみましょう。

まず、もっとも大切なことは、同じスタイルのカフェを選ぶということです。ひと口にカフェといっても実にさまざまなタイプのカフェがあります。2章でカフェのスタイルを取り上げましたが、ひと口にカフェといっても実にさまざまなタイプのカフェがあります。まず自分の店の売り物となるメニューと同じ種類のメニューを提供している店を選んでください。自分が自家焙煎コーヒーを売り物にしたカフェを目指すなら、自家焙煎コーヒー店の繁盛店を選ぶのがいいでしょうし、コーヒーと自家製ケーキを売り物にしているカフェなら、自分が食べ歩いてみて納得のいく自家製ケーキのお店を選ぶ。ベーカリーカフェなら、お店で焼き立てパンとカフェを併設しているお店を、カフェめし系ならランチからティーブレイク、ディナー、アフターディナーのお酒と料理のフルラインのメニューを提供しているカフェを選ぶ、というように、自分が納得のいく同じスタイルのお店を選ぶべきです。

次に大切なのが、お店の規模と経営形態です。はじめの条件が合致しても、そのお店がチェーン店だったり、あまりにも規模が大きかったりすると、せっかく研修に入っても、接客なら接客、調理なら調理というように担当する仕事が分業化されています。そのため全体の仕事の流れを体験できないで終わってしまう恐れがあります。個人経営の規模のお店を目指すなら、できれば研修先も同じような規模のお店がおすすめです。この程度のお店であれば、短い期間で

現場でどのような仕事を学ぶのか

現場での仕事は大きく分けて、キッチン(厨房)部門の仕事とフロント(客席)部門の仕事とに分けられます。

図表13　現場の仕事の流れ

キッチンの仕事
①仕入れ→②仕分け→③ストック→
④下処理・仕込み→⑤調理→
⑥盛り付け→⑦洗浄→⑧収納

フロントの仕事
①接客→②レジ→③クレンリネス(清掃)

キッチンの仕事は、図表13にあるように、生鮮ものや加工食材を仕入れ、仕入れた食材を仕分けして、それぞれ決められた場所(冷凍庫、冷蔵庫、常温)に保管(ストック)したのち、お客さまからのオーダーが入ったときにすぐに調理に取りかかれるように、食材を下処理をし、仕込みをすませておきます。お客さまのオーダーが入ったら、調理、盛り付けをし、ソースなどは仕込み食べ(飲み)終わった食器などを下げて、洗浄し、所定の場所に収納します。キッチンの仕事はこれら一連の作業のローテーションから成り立っています。

だからお店での研修という体験は、図表13の作業に習熟するというだけではなく、お客さまから一度に複数のメニューの注文が入ったときに、一連の作業の流れや段取りや仕組みがどのようになっているのかを認識し、体験し、慣れていくということなのです。

次にフロント部門の仕事ですが、これは、第一にお客さまをもてなす接客サービス、次にレジの業務、そしていつもお店をクリーンに保っておくクレンリネス(整理整頓)の3つが主な業務となります。キッチンの場合と同じく、接客部門においてもこれらの一つひとつの作業に慣れていく必要があります。特に接客サービスのポイントは、お店がもっとも込み合うピークタイムのときです。お店に

あまりお客さまがいない場合には、接客サービスはさほど難しいものではありません。しかし、お客さまで客席が満杯のピークタイムにこそ、サービスの真価が問われるわけです。ピークタイムのとき、接客サービスがどのように流れているのかが手に取るようにわかるわけです。お店が満席状態のとき、その渦中に自分の身を置いてサービスの実際を体験することは、後で自分がお店を運営する立場に立ったときにたいへん役立ってくるでしょう。

また、お客さまと実際に接することで、机の上では学ぶことのできない経験をすることができます。お客さまはどんなときにクレームを言ってくるのか、開店からランチタイム、アフタヌーン、アフター5など各時間帯にどのような来店パターンを示すのか、また各時間帯別のお客さまの消費単価はどのくらいなのか、1日当たりどのくらいの売上なのか、また平日と土、日祭日では売上はどのくらい違うのか、天気のいい日と雨の日では？　など、接客サービスの現場に立つことでこれだけのことを知ることができるのです。自分がのちに独立開業を果たしたときには、自分のお店のサービス、一人当たりの客単価、売上の想定、1日当たりの来店者数の予測など、実習店でのこうした経験はたいへん参考になるはずです。

自分でお店を持とうと思ってお店で働く人の意識とは違います。将来、お店のオーナー（経営者）を目指しているのですから、アルバイトやパートの意識とは違います。将来、お店のオーナー（経営者）を目指しているのですから、アルバイトと意識が違ってくるのはあたりまえ。現場で学ぶという場合、最初の言葉に戻るのですが、自分がどのようなお店を持とうとしているのか、コンセプトやイメージを自分のなかではっきり持っていることが前提条件です。だからこそ、お店での実習体験が問題意識となって跳ね返ってくるのです。

CASE*4

AUX DÉLICES DE HONGO

オーナーシェフ
西村和浩さん

オ・デリス・ド・ほんごう
住所―〒113-0033　東京都文京区本郷2-40-15　1～3F
Tel ―03-3813-1961　URL―http://www.de-hongo.com
定休日―無休（カフェ＆バー）、水曜日（レストラン）
営業時間―7:30～23:00（土日祝11:00～23:30／カフェ＆バー）
　　　　　ランチ11:30～15:00、ディナー18:00～24:00（レストラン）

目標をもちプラスを得られるステージへ

今の原点を作ったフランス留学

"本郷のおいしいもの屋さん"。フランス語でそう命名された「オ・デリス・ド・本郷」は、2003年6月にオープンしたお店で（レストランは7月オープン）、1階はカフェ＆バーとスタンド、2階はフレンチレストラン、3階はシェフズテーブルとしてテラスのあるパーティールームにオープンキッチンと、気分や用途によって階数ごとに利用できる新しいスタイルのお店。地下鉄本郷三丁目駅のすぐ側という好立地で、落ち着いたオレンジ色とシックなブラウンで構成された外観は、道行く人にエスプリのきいたフランスのカフェやビストロを連想させます。オーナーシェフである西村和浩さん（34）は、大阪の辻調理師専門学校で料理を学んだのち、同校のフランス・リヨン校へ留学。帰国後、洋菓子の「アラペイザンヌ」やフランス料理店などで働き、再びフランスへ行き料理の腕を磨いた後、恵比寿ガーデンプレイスにあり、日本のフレンチの最高峰のひとつといわれる「タイユバン・ロブション」で経験を積み、独立開業を果たしたのです。

現在、辻調理師専門学校は、フレンチ、イタリアンなど専門的に分かれていますが、西村さんが入学した当時は総合的に料理を学べる学校だったため、フレンチだけでなく他ジャンルの料理も幅広く学ぶことができたのです。今振り返れば、在学中にいろいろな料理を学んだことが、現在とても役に立っているそうです。

将来自分のスタイルにアレンジした料理を作るとき、他ジャンルの料理のテクニックが役立ちますし、また、フランス料理とはいえ日本でお店を構えれば、どうしても日本の食材を使わなくてはいけません。そうするとフランスから空輸するわけにはいかないので、食材をフランスから空輸するわけにはいかないので、食材をフランスのテクニックだけではなく、和食のテクニックを使って素材の下処理をしたほうが理にかなっている場合があります。知っていて使わないのと、知らなくて使えないのは料

スタンドで軽くコーヒーはいかが？

理人としてのスタンスが異なってくるといいます。こうして西村さんは、カフェのオーナーとしては最高のテクニックを持ったエリートとしてスタートしたわけです。

専門学校では、フランスのリヨン校へ1年留学。留学中、食べ歩きをするなかで、家庭料理と地方料理のおいしさにであい、ビストロや地方料理の店へ友人と好んで食べに行っていました。今までに見たことのない料理や、味わったことのない料理を発見するのが楽しく、食べてもおいしいと思ったそうです。この経験がフランスでの大きな収穫となり、現在西村さんが作る料理のベースになっています。

帰国後、何軒かの店で5年ほど働きましたが、留学時に自分の未熟さを痛感していたため、再びフランスへ向かったときの滞在中は、合計4～5カ所のレストランで働きました。ひとつの店に留まらなかったのには理由があります。どんなお店でもそこの料理やシステムを覚えると体が慣れて仕事が楽になります。そうすると吸収できることが少なくなるので、働きやすく居心地のいいお店になってきたら新しい所に移ろうと決めていたから

「新しいお店に移り、今までと仕事のやり方が違うことで悩む。悩む行為は考えていることですから、自分のプラスになっていく」と西村さん。

当初はフランスに5年間滞在する予定でしたが、変更して3年で帰国。

「ある程度お店もまわったから、これ以上新しいお店に行っても料理や食材が違うだけで、自分にとってプラスにはならないと思ったんです。だったら30歳を過ぎる前に日本で働いたほうがいいんじゃないかと帰国しました」。西村さんは当時を振り返りながら話します。

カフェを開く

帰国後はタイユバン・ロブションで3年半ほど働いた後、この世界に入ったときから考えていた独立開業の道へ。しかし、辞めてから3カ月間は何からはじめればいいのかわからず、具体的な動きはなかったとか。当時お店があった場所は、それまで実家で経営していた飲食店から大手コーヒーショップチェーンのフランチャイズに転換し売上も好調だったため、わざわざつぶして新しい店をはじめるのはもったいないとの声もあったそうです。その意見を反映して、1階はコーヒーショップに来ていたお客さまなど、不特定多数の方に利用してもらえるような店にしようと考え、結果カフェを選択。また、朝昼はコーヒーをテイクアウトでき、夜はバーとしてアルコールを提供するようなスタンドをカフェの脇に設置。2、3階もカフェにすればスタッフの人数も少なくてすむし、大きなキッチンも必要なかったのですが、今まで10年間やってきた自分の料理を試したいという思いからフレンチレストランに。

価格はカフェで座ってコーヒーを飲むのと、スタンドで立って飲むのとでは値段が違うというフランスでの経験を参考に、スタンドはカフェよりも2割ほど安く設定し、エスプレッソやカプチーノなど、コーヒー類は一律200円で提供。コーヒー豆も今までのコーヒーショップとの差別化を図るた

独立開業で知った現実とのギャップ

このように独立開業した西村さんですが、オープンしてから現実と頭で思い描いていたこととのギャップは大きかったといいます。いちばんの問題はお店の認知。工事をしているときから、通りを歩く人の目を引くようにポスターを貼って告知をしたり、オープン時には雑誌の取材も受けたので、お客さまはこれで認知してくれるだろうと、それ以外の宣伝はいっさいしなかったそうです。1階のカフェは通りに面しているため、お客さまの認知はまずまずですが、2階レストランの認知が希薄でなかなか難しいといいます。現在は、レストラン検索のホームページに登録したり、独自のホームページの作成をするなどして、あらためて認知を図っている最中です。

カフェのメニューもオープン時には、ブイヤベースなど2000円代の料理が夜のメニューにあり、気軽にお茶を飲めないとお客さまを遠ざけてしまっていました。そこで価格を300〜1500円に設定し直しました。また、フランス語の下に日本語訳を書いていたメニューも、日本語のみにして「アツアツ」「こんがり」などシズル感を強調したネーミングに変更。レストランのカフェと力んでいたことを改善して、最初に考えていた気軽に利用してもらえるカフェへと転換しました。

現在、経営の事務的作業は父親にゆだねているそうですが、このようにお店を経営して、いい意味でも悪い意味でも自分の考えとの間にギャップが発生することが何よりの勉強だといいます。

MENU

カリカリ ガーリックトースト …300円

クロックムシュー(ハム・チーズのトースト)…450円

ホットツナサンド…350円

三種のオリーブ盛り合わせ…500円

3週間熟成柔らかサラミイタリア産…500円

いろんなキノコのオリーヴマリネ…650円

フランス産フレッシュチーズの盛り合わせ…1200円

ラタトゥユと温泉卵のマリアージュ…650円

定番"デリス・ド・キッシュ"サラダと一緒に…800円

サラダニソワーズ(サラダ・ツナ・アンチョビ・トマト・卵など)…900円

田舎風お肉のパテ"デリスオリジナルスタイル"…900円

豚バラ肉のカリカリジューシー焼き…800円

こんがりソーセージの盛り合わせ…1100円

地鶏胸肉のグリエ ソースラビゴットサラダ添え…1200円

あつあつムール貝の白ワイン蒸し フライドポテト添え…1200円

フランス・シャラン産鴨モモ肉のコンフィ…1400円

自家製パン…50円

オープンから約半年、スタッフの教育、スタンドやカフェで料理を出すスピード感など、解決しなければいけない問題は多く悩みは尽きません。しかしその悩みを楽しむようにしていると西村さん。

「自分が悩んで暗い気持ちでいると、不思議と店内の雰囲気も暗くなってしまいます。だから、どんな悩みごとも楽しむようにしないとお客さんに伝わってしまう。お店は遊びではなく商売だから、問題が起きても簡単にやめるわけにはいきません。何のために自分は独立開業したのかを考え、お客さんに楽しみ満足してもらえる場所として、これからもステップアップしていきたいです」

オープンしてからまだ日が浅いオ・デリス・ド・本郷は、お客さまのニーズを探りながら、日々新しいメニューや接客に取り組んでいます。シェフとして、オーナーとして、西村さんの正念場はこれからも続いていくでしょう。しかし、努力によりお客さまの笑顔が増えることが、独立開業の喜びではないでしょうか。

4章 開く

実践！　開業計画から開店まで

店舗コンセプトの作り方

まず、コンセプトを確立させることからはじめよう

カフェの3つの要素

カフェをはじめるに当たって必要なことは、次の3つです。

第1に、自分がどんなスタイルのカフェをやりたいのか＝店舗コンセプト

第2に、どんな立地条件で、どのくらいの規模のお店で＝物件

第3に、いくらかけられるのか＝開業予算

つまり、カフェのスタイル（業態）と場所とお金ということになります。このなかでいちばん大切なのは、自分がどのようなカフェをやってみたいと思っているのか、という最初の問いかけです。お店の造作はお金をかければできますが、そのお店にお客さまがお金を払って足を運んでくれるかは、そのお店のオーナーがどれだけ魅力的なカフェを作るかどうかにかかっているからです。この項では、魅力的なカフェを開業するための前提となるお店のコンセプト作りについて、4つのカフェのスタイルを中心に触れてみたいと思います。

1. カフェの4つのスタイル

2章でさまざまなカフェのスタイル（業態）について紹介しましたが、整理するとおよそ次の4つのスタイルに分けられます。

① ドリンク系のカフェ、② スイート＆ベーカリー系のカフェ、③ 食事（カフェめし）系のカフェ、④ 複合型のカフェ

以上の4つのスタイルを踏まえ、カフェの開業を志す人々にとってもっとも大切なことは、自分のカフェが何を売り物にしているのか、ということについてはっきりとした目的意識を持つことです。

お店のコンセプトとは、雰囲気、メニュー、サービスの3つの要素から成り立っていますが、何よりもまず、売り物の中心はメニュー＝商品です。カフェだったら素人でも開けるのでは、と思われがち

ですが、実際の商売とは厳しいもの。コーヒー店なら、お客さまが帰りに豆を買っていくほどおいしいコーヒーでなければなりませんし、スイートカフェなら、「あのお店のタルトはおいしいね」「チーズケーキは抜群だね」という地域のお客さまの評判をとらなければなりません。自分が売る商品のプロでなければならないのです。

つまり、自分の商品にこだわりと情熱を持って臨んでこそ、独立開業の道は開けてくるのではないでしょうか。「好きこそものの上手なれ」。どのスタイルのカフェにするかは、おのずとこの言葉が進むべき道を指し示してくれるでしょう。

2. ターゲット

カフェのスタイルのどれを選択するにしても、自分のカフェをどんなターゲット（＝客層）に向けてアピールしていくかということは、大切なことです。なぜならば、ターゲットを想定することによって、お店の内装デザインもメニューも値段のイメージも決まってくるからです。

① ドリンク系のカフェ

自家焙煎カフェにしろ、紅茶、緑茶、中国茶のカフェにしろ、独立開業のオーナーにはそれぞれ商品にこだわりがあります。スーパーなどの量販店やカフェチェーンとはひと味違った、オリジナルのテイストで勝負するわけですから、当然、付加価値や値段もそれだけ高くなるわけです。これらのカフェはいわば専門店ですから、1杯の値段は400〜500円となり、若者やファミリー層が相手ではあり得ません。年齢的には20代半ばからシルバーまでを含めて、中高年層がコア（中心）ターゲットになります。お客さまはみなコーヒー好き、お茶好きで、飲料に対するそれなりの知識を持った消費者と考えるべきです。お店の内装やサービス、そして商品はすべてコア・ターゲットに照準を合わせてデザインされるべきでしょう。

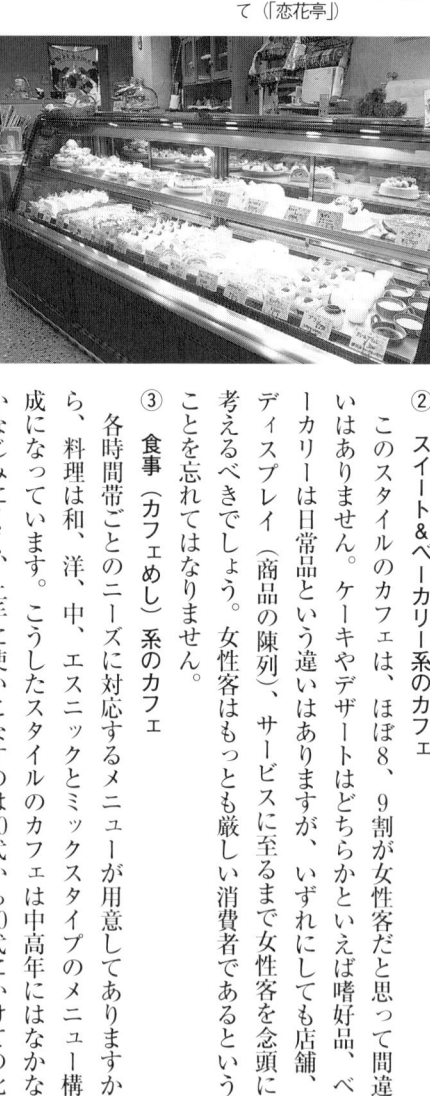

ディスプレイには気を使って（「恋花亭」）

② スイート＆ベーカリー系のカフェ

このスタイルのカフェは、ほぼ8、9割が女性客だと思って間違いはありません。ケーキやデザートはどちらかといえば嗜好品、ベーカリーは日常品という違いはありますが、いずれにしても店舗、ディスプレイ（商品の陳列）、サービスに至るまで女性客を念頭に考えるべきでしょう。女性客はもっとも厳しい消費者であるということを忘れてはなりません。

③ 食事（カフェめし）系のカフェ

各時間帯ごとのニーズに対応するメニューが用意してありますから、料理は和、洋、中、エスニックとミックスタイプのメニュー構成になっています。こうしたスタイルのカフェは中高年にはなかなかなじみにくく、上手に使いこなすのは20代から30代にかけての比較的若い層になります。

④ 複合型のカフェ

複合型のカフェはもちろんカフェだけに来店されるお客さまもいますが、ほとんどがファッションやガーデニング、雑貨などを目的に来店されるお客さまで、カフェはあくまで付帯施設という位置付けになります。したがってターゲットの想定は主目的の業種に左右されることになります。

3. 立地条件

ターゲットはカフェの出店場所＝立地条件と大いに関係があり、大きく影響します。

① ドリンク系のカフェ

個人が開業する場合は、付加価値の高いカフェを狙うべきだといいましたが、コーヒー店とそれ以

外のお茶系のドリンクとは事情が違ってきます。なぜならコーヒーは、その他のお茶ドリンクと比べて圧倒的に裾野の広いマーケットを持っています。

特に、自家焙煎カフェは、いったん地域のお客さまに「おいしいコーヒー」だと認知されれば、必ずしも保証金や家賃の高い繁華街に出店する必要はありません。また2章のスタイル別参考店で紹介した栃木の「珈琲音（かひあん）」は、電車は1時間に1本、無人駅がぽつんとあるという立地条件ですが、豆売りで月間450万円、33席のカフェで200万円、計650万円を売り上げています。当然、これらの店は実力があるため安定した経営をしているのですが、反面、自家焙煎カフェが、地域のお客さまの支持さえ得られれば、必ずしも街中でなくても運営できることを実証しています。それほどコーヒーの市場は広く深いのです。

しかし、紅茶やその他のお茶系のカフェは、それなりの人口密度のある立地でなければ成り立ちにくいでしょう。まずお茶系のカフェは、必ずといっていいほど小売りコーナーを併設しなければなりません。したがって物件の条件としては、1階路面が望ましいのです。ポイントとしては、駅に通じる商店街と住宅地の境目あたりが狙い目。本来ならば、都心部の繁華街一等立地がベストですが、個人で出店できるような場所ではありません。しかし、都心でもメインの通りから1、2本入り込んだ二等立地ならば家賃が安くなりますから、可能性がでてきます。

② スイート＆ベーカリー系のカフェ

このカフェの場合、家賃の高い繁華街である必要はありません。周辺に住宅地を抱えている場所であれば経営は成り立っていく可能性があります。いずれにしても主力となるターゲットは女性客。ケーキは持ち帰り商品ですから、お客さまの大半は住宅地に行き着く行動パターンであるはずです。また、商店街のなかのビルインだけではなく、生活道路沿いの2、3台駐車スペースのあるロードサイドという立地も検討するに値するでしょう。そこに土地代（地代）を払って、フリースタンディング（一戸建て）のお店を出店してもいいと思います。駐車場があればお客さまのアクセスはそれ

だけ範囲が広がります。商圏の人口集積度はお茶系のカフェとほぼ同じ条件と考えていいでしょう。ベーカリー併設のカフェの場合も、スイーツ系のカフェとほぼ同じような考え方を基準にしますが、売上の半分以上はテイクアウトに依存する業態ですから、1階路面は譲れない条件といえます。

③ 食事（カフェめし）系のカフェ

ターゲットは若者が中心になりますから、やはり彼らが集まる繁華街立地でなければ成立しにくいでしょう。ただし繁華街立地はそれだけ入居の際の保証金や家賃も高いものになります。ひと口に繁華街といっても、にぎわっているメインストリートから1、2本入った裏通りのそれも路面ではなく階上階下ということになれば、家賃はかなり安くなります。こうした立地条件であれば、家賃で月坪当たり2万円ないしそれ以下でも借りられるチャンスが出てきます。このようなことからカフェめし系は、若者の集まりやすい、高感度な繁華街の二等立地、三等立地が狙い目でしょう。

④ 複合型カフェ

カフェ自体が主目的ではなく、例えばファッション、雑貨、アンティークやガーデニングやペット用品に興味のあるお客さまがターゲットとなっているわけですから、開業立地は本来の目的の業種に左右されることはいうまでもありません。ファッション、雑貨などは、もし非常にユニークなショップなら私鉄沿線で複数の路線が交差するような比較的乗降客数の多い駅周辺、東京でいえば、下北沢、吉祥寺、恵比寿、中目黒といった立地が有力です。ガーデニングは比較的まとまった敷地があれば、郊外の住宅地に隣接した場所やロードサイドなどが考えられます。

店舗の規模と開業資金の目安

①から④までを含めて、では、個人で開業する場合の店舗の規模はどのくらいが適正でしょうか。この問題を決めるに当たって考えなければならない2つの前提条件があります。ひとつは、開業資金とその回収の問題。もうひとつは店舗運営上の問題です。当然のことですが、店舗の規模が大きくな

ればそれだけ家賃も造作費用も高くなりますし、同時に客席数が増えてきますから、余分な人手（人件費）もかかります。ですからカフェのスタイルに関係なく、個人経営の規模で運営していけるお店の規模は、資金力と運営力でおおよそ決まってきます。

では適正規模というと、上限でキッチンと客席を含め、およそ20坪ではないでしょうか。20坪といえば1坪当たり詰め込んで2席、最大で40席。この程度の客席数になるとオーナーのほかに、ピークの時間帯で3、4人の人手が必要です。おそらくこの辺が人件費としてはギリギリの線でしょう。

また、開業予算ですが、厨房設備から内装費、イスやテーブルなどの調度類、食器や調理用具、備品類などでも最低で50万～60万円はかかりますから、店舗用の予算だけで最低1000万～1200万円はみておかなければなりません。これに入居時の保証金または敷金に前家賃、仲介手数料等を加え、安くて1500万～1800万円程度の資金が必要となります。この予算はもちろん、ギリギリまで絞り込んだ予算です。もちろん同じ20坪でも3000万円近くかかるお店もあります。

このときに考えておくことは開業時の資金の回収です。金融機関から借金をすれば元金と利息を毎月返済していかなければなりません。それと同時に、自分の元手の資金、自己資金も回収しなければならないのです。資金の回収とは、借入金の元利返済と自己資金の両方を含んでいるのです。投下資金の回収の原資は売上からすべての経費を差し引いた利益です。例えば1500万円の予算で開業し、金融機関から5年返済の約束で700万円を借入れ、残り800万円を自己資金でまかなったとします。もしこれを5年間で回収しようとすれば、借入金の元金だけで年間140万円（利息はこの場合無視）、自己資金で160万円、合計年間300万円の利益を確保しなければ、5年以内の回収は難しいでしょう。もし300万円の利益が売上の10％に当たるとすれば、この条件を満たすのに必要な売上高は年間で3000万円。月当たり250万円、月間25日営業で、1日当たり10万円の売上が必要ということになります（詳しい収支計算の方法は巻末の付録参照）。おおまかにいうと、開業資金の2倍以上の売上がなければ、借入金の元利返済と自己資金の回収は難しいということになります。

開業準備から開店まで

開店までの具体的な流れを学ぶ

準備期間の4本柱とは?

ここでは、実際にカフェの開業準備からオープンするまでのスケジュールに沿って、具体的にどのような点に注意しながら準備を進めていくべきかを説明していきます。お店のグランドオープンに向けての具体的な実施計画は、主に次の4つの作業が待ちかまえています。

1. 店舗計画……開店するカフェの基本コンセプトを固めて、それを具体的な店舗デザインに落とし込んでいく作業
2. メニュー(商品)計画……メニューのネーミング、価格、使用食器などを決め、原価計算をし、仕入業者を選定する作業
3. 運営計画……開業予算の作成、収支計画をもとに営業時間や作業シフト、人員体制などを決めていく作業
4. 開店準備……グランドオープンに向けて準備しなければならない作業

以上、4つの作業内容を、オープン半年前からのスケジュールにしたのが図表14です。

1. 店舗計画

① カフェのデザインイメージを描く

店舗計画のなかでもっとも重要なのが、店舗設計デザインです。お店の設計、デザインとはおよそ次のような作業内容を指します。

(1) 店名、ロゴ(店名をデザイン化した一種のマーク)、看板、サイン、外観(装)、店内の内装デザインの完成予想図(デザイナーの間ではパースともいう)あるいはイラストや絵を決める

(2) (1)で決めたことに基づいてカラーリング(色合い)を決める

図表14　開業まで180日間の実施計画とスケジュール

オープンまで	店舗計画	メニュー(商品)計画	運営計画	開店準備
6カ月	カフェの基本コンセプトの最終決定 ↓ デザイナー決定	基本コンセプトに基づき、メニュー構成の原案作成	開業予算計画の作成 売上高、諸経費、利益、資金繰り等の収支計画の作成	
5カ月	↓ 店名、ロゴ、外装・内装デザインの発注		予算計画の修正	
4カ月	不動産屋と物件についての正式契約 ↓ 内装及び厨房レイアウト等の設計完了	メニュー構成の最終決定	入居保証金、家賃の確定	開業の宣伝・告知計画 ・DM、チラシ、ポスター等
3カ月	施工業者の選定 工事費の見積もり 工事着工	・メニュー名と価格 ・原価計算 ・使用食器の選定 ・仕入材料、業者選定	売上高(客数×客単価)、営業時間とシフト表作成 人員、人件費の見積もり 開業予算の最終的確定	・その他、名刺、マッチ、コースターなどの印刷物 ↓ 印刷発注
2カ月		メニューブック(表)の作成 ↓ 印刷発注	↓ 収支計画の修正 パート、アルバイトの募集	レセプション(開店披露)の案内状の発送 レセプション用の準備 ・記念品、招待状、招待客リスト、料理等
1カ月	保健所、消防署への営業許可申請、引渡し	メニューブック(表)の完成 料理の試作	パート、アルバイトの採用、教育・訓練 ロール・プレイング	ロール・プレイング レセプション、プレオープン
グランドオープン				

（3）使用する主要な内装部材（壁面、床）の指定。

（4）使用するイス、テーブル、その他の家具のイメージを決める。

（5）店舗を真上から俯瞰した客席（テーブル席、カウンター席）のレイアウト、厨房スペース、トイレスペース、レジなどの平面プランを立てる。

（1）から（4）までの作業は、物件の契約前でも、自分であらかじめイメージしておけることです。お店のデザインイメージを固めていくときには、今まで述べてきたカフェのスタイルを念頭に置いて、自分が想い描いている事例店を参考にしてみてください。

自分の頭の中でお店のイメージを固めておくということは、デザイナーとの打ち合わせで必要になってきます。

② 図面を描いて見積もりをしてもらう

次に、①に基づいて、デザイナーと平面図、立面図、給排水工事、空調工事や厨房設備のレイアウト図、内装部材、イス・テーブルなどの詳細を決めて、店舗デザイナー及び内装工事の業者（施工業者ともいう）を決めておかなければなりません。ここまでには、店舗デザイナー及び内装工事の業者（施工業者ともいう）の選定です。なかでもいちばん大切なのは店舗デザイナーの選定です。筋道としては、自分が気に入ったイメージのカフェを実際に設計したデザイナーに依頼するのが正しいやり方でしょう。

なお、一般にデザイナーに支払う報酬＝設計料ですが、おおよそ内外装工事費の総予算の5〜10％程度が相場です。仮に1000万円の予算であれば、50万〜100万円程度です。

施工業者の選定については、デザイナーが紹介してくれる業者でもいいのですが、大切なことは複数の業者から相見積もりを取ることです。この段階ではすでにデザイナーが図面の詳細を決定しているのですから、使用する部材と積算された見積もり額を比べて少しでも安くやってくれる業者を選ぶべきでしょう。その場合、デザイナーとよく相談してください。

③ 厨房設計のポイント

厨房設備や機器については、「厨房設計と設備」にてカフェの4つの業態分類に基づいて詳しく述べていますので、ここでは、厨房設備導入のポイントを述べておきます。

厨房スペースの位置を決める

最初に、厨房スペースの位置を図面上、指定しなければなりませんが、ドリンク系のカフェの場合は、それほど重装備の設備は必要ありません。ほとんどオープンカウンターを通じてサービスされ

101-100

併せてコーヒー豆や紅茶、中国茶などのテイクアウトコーナーが併設されます。スイーツ＆ベーカリー系のカフェは、テイクアウトが大きな比率を占めます。その場合、イートインのカフェに対するサービスはドリンク系と同じく、やはりオープンカウンタータイプの厨房になるでしょう。したがってこの2つのスタイルカフェは、オープンカウンターとテイクアウトコーナーが隣接し、サービス動線の上でムダがなく、お客さまが入店されたときに自然と目線が合うのがポイントです。また食事系のカフェの厨房は、客席からは見えないクローズドか、一部だけ見えるセミオープンキッチンのいずれかとなります。そのため、原則的には店内のいちばん奥まった場所となります。

フードメニュー用の調理機器の選定

ドリンクが主力のカフェの場合は、オープンカウンターキッチンのスペースがあれば間に合いますが、自家製のケーキやパンを売るカフェや食事系のカフェの場合は、オープンカウンターだけでは対応できません。食材の保管や下処理、ケーキ、パンの工房、一次加工や加熱を施すバックキッチンスペースがどうしても必要になります。厨房のスペースは、自分のお店がどんなメニューを提供するのかをよく考えて決めましょう。

厨房のスペースが決定したら、次にフードメニューに基づいて、必要な設備や機器の仕様を決定します。「厨房設計と設備」で詳しくリストアップしますが、ドリンク系のカフェでサンドイッチや簡単な焼き菓子程度なら、オープンカウンター内のキッチンで処理できる程度の設備や機器で間に合います。しかし、本格的に自家製のケーキやベーカリーを販売する場合は、オーブンやミキシングマシンなど本格的な設備、機器が必要になります。また食事系のカフェの場合も、メニューによっては特別の厨房設備機器が必要になることもありますから、事前によく検証してください。

ドリンクメニュー用の機器の選定

すべてのスタイルのカフェに共通しているメニューは、コーヒーですが、同じコーヒーを提供して

いるといっても、コーヒーを売り物にしている自家焙煎やコーヒー専門店の場合は、コーヒーマシンはあまり使っていません。ドリップ式ないしサイフォン式で1杯ずつ抽出するやり方がほとんどです。

ただしカプチーノやエスプレッソコーヒーの場合は、専用のコーヒーマシンが必要になります。

一方、食事系のカフェやスイート＆ベーカリーカフェでは、コーヒー豆の品質さえよければ、抽出法にはこだわらず、オートマチックのコーヒーマシンを導入する場合が多いようです。なぜならほとんどの人手と時間がケーキやパンの製造に取られてしまうので、1杯ずつコーヒーを抽出するというやり方はムリがあるからです。その他としても、フレッシュジュース用のミキサーなど以外、ドリンク用として特別の設備機器は必要ありません。

その他の厨房スペース

フードやドリンクの調理、加工に必要なスペース以外に、設計段階で検討しておかなければならないのが、食器や備品、包材の収納スペース、冷凍冷蔵庫に収納せず常温でストックする加工食材（缶詰や乾燥麺など）用のスペースです。この2つのスペースは非常に重要で、バックカウンターのスペースや壁面、棚など、十分なスペースをあらかじめ確保しておくようにしましょう。

④ 工事着工と引渡し

①から③までの実施計画が決定して、いよいよ工事がはじまります。まずお店の完成引渡しまでの工期を決めてから着工されますが、工事期間中、内装工事が契約通りに進んでいるかどうかをチェックする設計監理も併せて、デザイナーに依頼しておいたほうが安心です。もし設計通りに運んでいない場合は、責任を持ってやり直しを命じることができます。その場合、設計料を含む設計監理料がかかりますが、そのガイドラインも決められています。一般的には、内装工事費の8〜12％、工事代金が大きくなれば、監理料の比率は下がり、小さければ、比率は上がります。この点は設計監理を含めて、デザイナーと最初に交渉して決めておきましょう。

また、工事完了後の引渡し前（遅くとも10日から2週間前）に所轄の保健所及び消防署に営業許可の申請（詳しくは巻末の付録参照）をすませておきましょう。なお、申請手続きは施工業者が代行してくれます。工事完了後の引渡しですが、だいたいグランドオープンの10日から2週間前に設定しておきましょう。

2. メニュー（商品）計画

店舗コンセプトと並んで大切なのがメニューコンセプトです。メニューコンセプトを考える上で、もっとも大切なことは、自分のお店が「何を売り物にしているのか」をお客さまにはっきりアピールできる特色を持たせることです。

例えば、ドリンク系のカフェなら、「自家焙煎のコーヒーとオリジナルのレアチーズケーキ」とか「バリスタが淹れるエスプレッソコーヒーと自家製のフレッシュフルーツタルト」、スイーツ＆ベーカリー系のカフェなら「15種類の本格的な手作りの焼き菓子」とか「天然酵母にこだわったヘルシーなパン」とか、自分のお店のメニューが何にこだわっているのかを念頭に置くようにしましょう。

これからのカフェは、商品力、メニュー力が問われてきます。店舗のデザインや設計に関しては、ある程度、専門家にゆだねなければなりませんが、メニュー作りに関しては、100％、プロでなければなりません。したがって、カフェ開業を決意したその瞬間から、お店で提供するメニュー（＝商品）の食材から調理法に至るまできちんとした技術と知識を持ったプロになる準備を決して忘らないようにしてください。

メニューは腕の見せどころ
（「和カフェ らばさん」）

① メニュー名と価格を決める

一般的にカフェで想定されるメニューのカテゴリーは、ドリンク類、ケーキやベーカリー類、食事類、アルコール類の4部門くらいに分かれます。例えばドリンク類であれば、主力となるコーヒー、紅茶、中国茶、緑茶、ジュースなどです。ケーキやデザート、ベーカリーは通常のレストランではサイドメニューにすぎませんが、カフェでは独立した一部門と考えてもいいほどその比重は大きくなります。食事類としては、軽食メニューから本格的な食事メニューまで幅広いカテゴリーが含まれます。これを時間帯別に見れば、ランチ、ディナーから夜のお酒と組み合わされる酒肴メニューまでを包含しています。

メニューの組み立て方のコツは、自分のお店のメニューをまず、右のようなカテゴリー別に分けて考えることです。またお客さまにとっても、きちんとカテゴリー別に分かれているほうが選びやすいのです。

次にメニューの1品ごとの価格を決めなければなりませんが、価格を決定する要素は、「客単価」と「食材原価」の2つです。客単価とは、次の公式で表されます。

客単価＝売上高÷客数

カフェに来店されるお客さまは、セルフサービスのコーヒーショップの場合を除いては、5割近いお客さまがドリンクだけではなく、ケーキやデザート、パンや軽食といった複数のメニューを注文します。そのときに、1品単価がどの程度なら満足してもらえるかを考慮しながら、1品の価格を決めていきましょう。

もうひとつの要素は食材原価です。詳しくは②で述べますが、例えば自家焙煎のコーヒー店で一人のお客さまが、オリジナルの1杯400円のブレンドコーヒーと1ピース400円のレアチーズケーキを注文。コーヒーの原価が48円、ケーキの原価が118円であれば、コーヒーの食材原価率は12％、

ケーキのそれは29・5％、売上が800円でこの場合の食材原価率は20・8％という計算になります。お店にとっては800円の売上で634円の（粗）利益となります。この金額では、十分な利益を上げているといえます。しかし、この値段で果たしてお客さまは満足してくれているのでしょうか。

「駅前のチェーンのケーキ屋では1ピース300円、そこのケーキよりもうちのほうがはるかにレベルが高いけれども、100円もの差があるのはマズイ……。うちは350円で売っても十分利益が取れるのだから……」と、お客さまは十分納得してくれるはずだ。50円下げて350円にすればお客さまはまの値頃感（客単価）と原価を調整しながらメニュー価格を決めていくとよいでしょう。

② 原価計算──1品ごとに標準原価を決める

メニューのネーミングと価格が決まったら、次に各メニューごとのレシピと原価表を作成しましょう。図表15はその見本です。表には必ずすべての品目についてその材料名、1人前の分量、材料費を記入できるようにしておきます。これをもとに料理の手順を書き付けたレシピを添付しておきます。

ただし、一度にまとめて作り置きをしておかなければならないトマトソース、ドミグラスソース、ホワイトソースや、サラダなどに使用するカット野菜、あるいは1台ごとにホールでまとめて作っておくケーキのスポンジ台やサンドイッチなどに使用する食パンなどは、それぞれのメニューに応じて1人前または1ピースなど使用する分量を決めましょう。そうすると、

1人前の材料費＝全体の仕込みの材料費÷1人前の分量

の計算で簡単に1人前の材料費を割り出すことができます。

このように1品目ごとの原価（率）を決めておけば、お店をスタートさせてからの材料費の管理に非常に役に立ちます。というより、原価表やレシピ表がなければ、お店の経営状態を認識することができないことになります。お店のメニューを決めるに当たって、このことは必ず必要なことですから、開業前に作っておきましょう。

図表15 メニュー原価表の見本

●イチゴのティーソーダ　650円

材料名	1人前分量	原価	原価率
ストロベリーピュレ	30cc	23.4円	—
ガムシロップ	30cc	13.5円	—
ストロベリーティーベース	40cc	8.8円	—
炭酸ソーダ	80cc	17.6円	—
氷	適量	—	—
冷凍ラズベリー	3ヶ	15.6円	—
冷凍イチゴ	1ヶ	7.8円	—
計	—	86.7円	13.3%

●完熟トマトソースのチキンオムライス　850円

材料名	1人前分量	原価	原価率
白米	170g	59.5円	—
オムライス用トマトソース	100g	82円	—
インゲン	2本	13円	—
卵	2ヶ	40円	—
サラダ油	10cc	3.2円	—
グリルチキン	50g	40円	—
マッシュルーム	1ヶ	28.8円	—
ドライトマト	2ヶ	50.4円	—
イタリアンパセリ	1枝	5円	—
計	—	321.9円	37.9%

ご飯の上に完熟トマトソースをのせ、さらに半熟卵のオムレツをあしらい、オムレツの上に炒めたチキンとマッシュルームをのせたオムライス

③ 使用食器やディスプレイ用棚の選定

次に大切なのが、使用食器の選定です。どんな器を使うかで料理はおいしくもなり、まずくもなります。食器は料理のいろどりや盛り付けのデザインと一体のものとして考えるべきです。常日頃、いろいろなレストランやカフェを見てまわって、料理の盛り付けやいろどりと食器とがどのように組み合わされているか、よく自分の目を肥やしてはっきりしたイメージを想い描いておくことが必要です。また、ベーカリーカフェやケーキを扱うスイーツ系のカフェにとっては、売上的に大きな比重を占めるパンやケーキのディスプレイ用の棚やショーケースについても、十分な関心を日頃から持っておきましょう。高さや奥行き、幅、材質などの仕様はもちろんのこと、ディスプレイ効果も考慮して、自分の焼いたケーキやパンが最大限お客さまに効果的にアピールできるものを選ぶ目を養っておきましょう。

④ 仕入業者の選定

仕入業者を選定する前に、特に食材仕入についてふれておきたいことがあります。店舗に関してある部分専門家に任せるのは仕方ありませんが、メニューについてはプロになれと前述しました。この

場合のプロとは、調理技術があるということのほかにもうひとつ大切なことがあります。それは材料を選ぶ目です。もし全粒粉の小麦粉を使った天然酵母のパンを売り物にしたいと思ったら、当然のことながらお店を開業する以前に、全粒粉の小麦粉や天然酵母について十分な知識を持っていなければなりません。自家焙煎コーヒー店をやろうとする人が、コーヒーの生豆の品質や産地や仕入価格についてちゃんとした知識を持っていなければ話になりません。仕入業者を選ぶこともあらかじめ食材についてかなりの知識を持っていれば、そんなに難しいことではありません。

ただここで注意しなければならないことがあります。特に力を入れている主力メニューについては、十分に気を配りますが、サイドメニューについては案外、いい加減に考えてしまっているお店が多いということです。ランチで出てきたオムレツはとてもおいしいけれど、一緒に出てきたミネストローネは生ぬるい、しかも出来合いの缶詰を使っていた。ケーキはとてもいい線をいっているけれども、コーヒーにはがっかりさせられた。こういったことが意外に多いのです。これは材料の品質に目が行き届いていないことが原因です。

特別な材料以外は、特に生鮮3品は近くの仕入業者から仕入れることが多くなりますが、これも取引をはじめるに当たっては、きちんと検品して、自分が指定した通りの品物でなかったら、返品してください。検品がいい加減だと業者側もこの程度でいいのだと思ってしまい、足元を見られる結果になってしまいます。

| 3. 運営計画 |

ここでは開業前に立てておかなければならないお店の運営に関する計画と、それに必要な数字の話をしましょう。

① 開業予算計画

まず開業に向けて、必ず必要なのが予算計画です。カフェの開業に必要な大まかな予算の内訳は図表16の通りです。予算作成に当たって大切なことは、すべての予算項目がひと目でわかるような形式にしておくことです。こうしておけば金額がどうなっているのか一目瞭然だからです。パソコンに入力し、何度も検討して金額を書き換え、少しでも不必要な経費を省き、建築工事費を修正し、設備の予算を見直しながら、予算の枠内に収まるようにしてから、スタートしてください。この予算立てをいい加減にしていると、いつのまにか予算がオーバーしてしまい、後でたいへんな重荷を背負うことにもなります。ましてや借入金がある場合は、予算オーバーは取り返しのつかない状況に追い込まれてしまう場合もありますから、よく注意しましょう！

② 収支計画を立てる

見積もり金額がほぼ確定し、開業予算の全体が見えてきたら、次に収支計画を立てます。収支計画とは、簡単にいえば、売上予測に基づいて、原価（食材費）、人件費、家賃、その他の諸経費を差し引いた利益がどのくらいで、もし借入金があれば、残った利益からどのように元金と利息を返していくのについて説明したものをいいます。

この収支計画は、金融機関からお金を借り入れる場合は、絶対に必要となるものです（収支計画の立て方については巻末の付録参照）。

まず、売上についてですが、本当のところは、実際にお店を開けてみなければわかりません。しかし、最初に自己資金と借入金でお店に資金を投資しているのですから、その資金を回収するのに必要な売上はわかります。借入金を含め、借りた資金を返済していくのに必要な売上や、開業資金を回収するのに必要な売上＝開業資金（自己資金＋借入金）×1.5～2倍です。もちろん、もっと厳密な計算法はありますが、開業資金の1.5～2倍の売上をもとに収支計

画を立ててればほぼ間違いはないでしょう。

次に売上に対する経費の内訳を示さなければなりません（詳しくは巻末の付録参照）。およそ次のような指標をめどにしてください。

売上（食材）原価＋人件費（店主の給与とアルバイトの時給）で売上対比の60％以内、家賃で売上対比の10％以内、これにその他の経費が10〜15％、売上の80〜85％以内で残った利益の15〜20％から借入金の元利を毎月返済していくことになります。金融機関に融資を申し込むとき収支計画（表）が必要だ、ということは先

図表16　開業予算表

大項目	小項目	数量	予算金額
入居保証金	入居保証金		
	敷金		
	仲介手数料		
建築工事費 （施工業者が見積もる）	解体撤去工事費		
	内装工事費		
	外装工事費		
	給排水工事費		
	電気工事費		
	その他の付帯工事費		
設備機器工事費 （設備業者が見積もる）	厨房設備機器工事費		
	空調工事費		
	照明工事費		
	音響工事費		
	レジスター		
	その他設備機器		
家具調度費	イス		
	テーブル		
	カウンター		
	収納用棚		
	レジ用カウンター		
	ワインラック		
	ケーキ用ディスプレイ		
	パン用ディスプレイ		
什器、備品費	絵画		
	写真		
	生花		
	その他装飾品		
	メニュースタンド		
	灰皿		
	卓上調味料入れ		
	事務用品		
	テイクアウト用包材		
	トイレ、洗面所小物		
	掃除用具		
	マッチ、名刺		

に述べましたが、金融機関の担当者がこのなかでもっとも重視する指標は、売上と借入金の元金と利息の返済計画です。

また、収支計画はお店がスタートしてから、あなたがお店の運営を行っていくときにも、必ず必要になってきます。お店の運営でいちばん大きな経費は、売上（食材）原価、人件費、家賃の3つです。これが最初の収支計算の範囲で収まるかどうか、お店がやっていけるかどうかの要となってきます。

③ アルバイトの募集

お店の開店に当たって、例えば夫婦二人とか仲間内で運営していくような場合はいいのですが、オーナー一人だけしかいない場合は、どうしても他人の手を借りなければお店はやっていけません。その場合はアルバイトやパートを雇うことになりますが、これも遅くとも開業2カ月前には募集しなければなりません（詳しくは巻末の付録参照）。

面接をして採用を決めたなら、オープンまでの10日～2週間、アルバイトに接客やレジ、掃除などの基本的な作業についての実施の教育・訓練（ロール・プレイング）を行います。それから勤務表（作業割当のシフト表）を作成し（図表17参照）アルバイトに指示します。

また、アルバイトを雇うときは、人員に余裕をみておきましょう。なぜなら、アルバイトが辞めたり、休んだりする場合のことを考えておかなければならないからです。

4. 開店準備

いよいよ開店に向けて最終的な準備をする時期にきました。開店直前にはさまざまな作業で忙殺されるはずです。直前になって慌てないためにも余裕を持って準備しておきましょう。

図表17　作業シフト表の見本

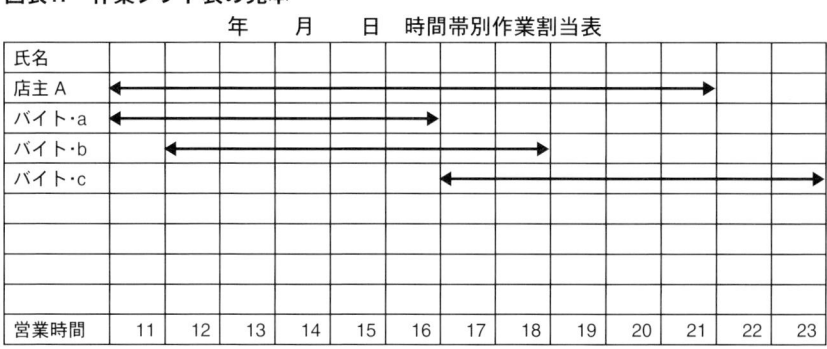

年　　月　　日　　時間帯別作業割当表

氏名												
店主A	←──────────────────→											
バイト・a	←──────────→											
バイト・b	←──────────────→											
バイト・c					←──────────────────→							
営業時間	11	12	13	14	15	16	17	18	19	20	21	22	23

※各人の作業時間は棒線で明示する

① 開店告知と宣伝

個人経営の小規模なカフェの商圏は、お店を中心に半径2km圏内の地元のお客さまが大半を占めます。宣伝、告知としてもっとも効果的で費用も安上がりなのは、新聞チラシです。チラシの印刷代のほか、新聞販売店の配達手数料は1枚につき3～5円程度。なお、印刷されたチラシをポスティング（地域の各家庭の郵便受けに投げ入れる）するという手段もありますが、一人で行った場合、1日6時間で1000枚程度が限度ですから、人手が要ります。その他、地域密着の宣伝告知として、その地域のタウン誌なども有効です。

② 開店時に必要となる印刷物

開店前に準備しておかなければならないいくつかの印刷物があります。主なものはメニュー表、お店の店名、連絡先、マップなどを記入した名刺、マッチ、テイクアウト用の包装紙、容器、オープニング・レセプション用の招待状などです。これらはいずれもまとめて、遅くとも開店1カ月程前に納品されるようにしておかなければなりません。

厨房設計と設備

カフェの中心部の考え方

厨房設計（デザイン）が決め手

厨房（キッチン）は、飲食店で心臓部ともいえる大切な役割を果たす部門です。厨房設計の段階でもっとも心がけておかなければならないことは、作業の動線です。これは料理をしたことのある人ならば理解できることですが、料理とは手順と段取りと時間です。使い勝手の悪い厨房では思ったように料理はできません。ましてや限られた時間内に手際よく複数のメニューを提供していかなければならない飲食店の厨房の使い勝手が悪ければ、作業の効率と料理の品質にも悪い影響を与えます。

作業動線は、通常、次のような動作に沿って設計されます。

冷凍庫、冷蔵庫あるいは食材の保管場所
↓
作業台、シンク
↓
ガスレンジ等の加熱機器
↓
盛り付け等の作業台
↓
パントリーまたはハッチカウンター（料理をサーブしたり下げたりするパントリーやカウンター）

図表18

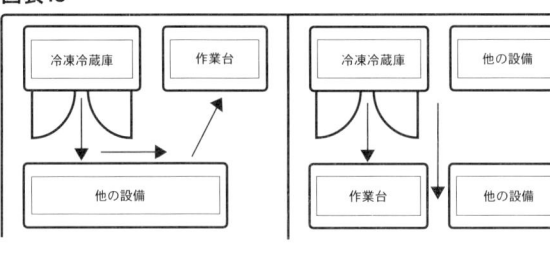

【悪い動線の例】
この配置だと冷凍冷蔵庫から食材を取り出すとき、開きドアが邪魔になり、動きにムダが出てしまう

【よい動線の例】
冷凍冷蔵庫から食材を取り出してすぐに作業台に取り付くことができ、他の設備への動きもスムーズになる

※㈱テンポスバスターズ（本社）〒144-0031　東京都大田区東蒲田2-30-17　サンユー東蒲田ビル7F
Tel―03-3736-0319(全国ネットがあります)

厨房設備、機器類導入のポイント

つまり料理の作業手順に従って、設備や機器類がレイアウトされていなければなりません。ですから開業に当たっていちばんはじめに着手するのは、設備や機器類のレイアウトを決め、自分のお店のメニューに従って料理の作業手順（流れ）を念頭に置き、必要最小限の厨房設備や機器類をリストアップし、その仕様を決めて、右の基本的な作業手順に従って配置（レイアウト）を決めることです。

一般に店舗や内装のデザイナーは、必ずしも厨房の調理手順に詳しいわけではありません。そのため、厨房の設備や機器類のレイアウトや動線については、オーナーが直接、デザイナーと図面を目の前にして設備、機器の仕様（高さ、幅、奥行きなどの寸法）を確認しながら決めてください。デザイナーに任せっぱなしはいけません。

「恋花亭」の末吉有子さんも「最初のお店では内装からキッチンまですべてをデザイナーに任せたのですが、キッチンのレイアウトが作業動線と合っていなくて、後でとても苦労しました。だから2店目はキッチンのレイアウトだけは、私から直接指示して図面を引いてもらった」と語っています。

厨房のレイアウトが決まったら、設備や機器類の仕様を決めて購入することになります。これも開業の予算と調整しなければなりません。「店舗コンセプトの作り方」で、カフェのメニューコンセプト別に4つのスタイルを挙げておきました。図表19は、4つのカフェスタイルで共通に使用される基本的な設備や機器と、それぞれメニュー構成のあり方によって必要になると思われるものとに分類して一覧にしたものです。

厨房設備、機器類の購入に当たって大切なことは、すべての厨房設備や機器類を新品で購入する必要はないということです。中古品で十分に間に合うものもたくさんあります。業務用の厨房機器類は大量にリサイクルや中古市場に出回っており、中古の厨房機器類を専門に扱っている業者もあり、その値段は定価よりも大幅に安くなります。なかには定価の3、4割という値段のものもあります。特に、

図表19の共通に使用される設備機器は、種類も豊富で、値段も定価よりは大幅に安いので、ぜひ中古品やリサイクル品を購入されることをおすすめします。しかしなかには、中古市場にあまり出回っておらず、自分のお店の仕様とは合わない場合もあります。そのときにははじめて新品の購入を検討すればよいのです。中古品やリサイクル品はなにも大型の設備機器に限りません。イスやテーブル、食器類、レジスター、空調など、飲食店で必要とされるさまざまな什器や備品類も中古市場で調達することができるのです。例えば、ミキシングマシン、焼成用オーブン、ドウ・コンディショナーなど、設備にいちばんお金のかかるケーキやベーカリー系のカフェで必要とされる機器類は、新品ですべてを購入すると1000万円程度かかってしまいます。しかし大手の中古業者で調達すれば、3分の1の300万円程度から半分の500万円程度ですみます。しかも大手の中古業者は一定期間、故障したときの保証を付けているのが普通です。

厨房関係以外の設備や道具、備品類

厨房設備や機器以外にお金がかかる設備としては空調設備があります。これはメーカーの機種や機能によって値段はまちまちですが、設備本体の値段としては50万～80万円程度、これにダクトや据付等の付帯工事費を含めて100万～130万円程度をみておけばよいでしょう。さらにイスやテーブルなど家具類、看板や照明、食器や調理用具などの什器類、その他お店に必要な備品類などがありますが、これもピンからキリまであります。これも要するに当初の開業予算の範囲に収めることが最優先となります。

だいたい個人の独立開業の場合、厨房設備、機器で200万～400万円、これに空調で100万～130万円、内装費で坪当たり50万～60万円なので仮に15坪だとすれば750万～900万円。その他、什器、家具、調理用具、看板、照明、備品などで最低150万円、お店にだけかかる予算で1200万～1580万円程度が標準的な予算ではないでしょうか。もちろんこのほかに、入居保証金

図表19　カフェに必要な基本的な厨房設備

設備名	①	②	③	仕様	備考
冷凍冷蔵庫	◎	◎	◎	360〜800	容量＝ℓ
コールドテーブル		○	◎	120前後	容量＝ℓ
クリームストッカー	○	○	○	4本入り	1本＝5ℓ
1槽シンク	○	○	○	1	
2〜3槽シンク	◎	◎	◎	1	ほとんど2槽で可
L-5 手洗い器	◎	◎	◎	1	食品衛生法上必要
瞬間ガス湯沸機	◎	◎	◎	5〜8号	シンクへの給湯
ガスレンジ	◎	◎	◎	2〜3口	下部オーブンがメニューによっては必要
ガスコンロ	◎	◎	◎	1口	
寸銅コンロ			○	1口	
フライヤー		○	◎	1槽	フライものを扱うメニューの場合
電子レンジ	○	○	◎	1	
フード・ウォーマー			○	3連	保温を要する場合
作業台	○	◎	◎	適宜	
食器棚	◎	◎	◎	適宜	
製氷機	◎	◎	◎	30〜50	日産製氷能力／kg
コーヒーマシン			○	1	
エスプレッソマシン	◎	○	○	1	価格はピンキリ
コーヒーミル	◎	○	○	1	カフェならばぜひ用意したい
生ビールサーバー			○	1	メーカーないし業者に貸与を交渉する
ジューサーミキサー	◎	◎	○	1	フレッシュジュースやソース作りに
ミニッツ・コンロ				2〜3口	ペーパードリップの場合必要
サイフォン・コンロ	○			3口	サイフォンの場合必要
グリラー			○	600〜800	ワット、メニューによっては必要
炊飯台			◎	1	
炊飯器			◎	1	
プレート・ウォーマー			○	1	
オーブン		◎	◎	1	②＝ケーキやベーカリー用、③＝料理用
ミキシング・マシン		◎		1	ケーキやパンの生地を練り上げるミキサー
ホイロ		◎		1	パン種の発酵機
リバース・シーター		○		1	パイ生地を織り込む機械
ショック・フリーザー		○		1	超急速冷凍庫
ドゥ・コンディショナー		○		1	1台でパン種を冷凍保存し、解凍、発酵させる機械
冷蔵ショーケース		◎		1	ケーキのディスプレイ用
陳列棚、陳列籠	○	○		品揃えに合わせる	コーヒー豆、お茶、器具、パン、焼き菓子の陳列用

※①ドリンク系のカフェ　②スイート＆ベーカリー系のカフェ　③食事系のカフェ
※◎＝基本的に必要な設備、○＝メニューによっては必要となる設備

や開業準備費などが加算されますから、最大2000万円くらいとみておけばいいのではないかと思います。お店にお金をかけすぎないこと、これが独立開業の鉄則です。

CASE*5

café Prado
オーナー
崎山竜輔さん、恵さん

カフェ・プラド
住所―〒401-0301　山梨県南都留郡富士河口湖町船津4940-3
Tel―0555-72-2424　URL―http://www.cafe-prado.com
定休日―水曜日
営業時間―11:30〜21:00

必要とされるカフェへ向かって

カフェ・バッハとのであい

「おいしいコーヒーを探していたのよとか、おいしいケーキこのあたりじゃなかったのよね、というお客さんのニーズに応えるように、必要とされるコーヒーとケーキを作っていきたい」と、「カフェ・プラド」のオーナー崎山竜輔さん（34）、恵さん（31）ご夫婦は語ります。スペインのプラド美術館にちなんで命名したというこのカフェは、観光地として知られる山梨県の富士河口湖町に2002年11月オープン。お店のドアを開けると、ローストされたコーヒー豆の香りとショーケースに並んだ目にも鮮やかなケーキ、そしてお二人の笑顔が訪れた人を出迎えてくれます。

竜輔さんが現在のカフェを開業するきっかけとなったのは、辻製菓専門学校に講師として来ていた「自家焙煎珈琲カフェ・バッハ」のオーナー田口護さんの授業を受けたこと。同校を卒業するとき、内定が決まっていた神戸の大手カフェへの就職を撤回して、バッハへ就職。3年バッハで修業をすれば必ず独立できるという田口さんの言葉に感銘を受け、3年という期限を設定した田口マスターの話は説得力がありました」

「学生時代、田口マスターにお金があるんだったらどこに勤めてもいいけど、ないんだったらうちにおいで、と。3年間しっかり修業をすれば小さくてもお店が持てる。でも、そのためにはいい商品を作って、本物の人間にならなくてはいけないと言われたんです。3年という期限を設定した田口マスターの話は説得力がありました」

就職してからは、コーヒーの基礎、店主としての経営感覚、そして人としての物事の考え方などを学んでいきます。バッハは、厳しい基礎教育をクリアして日々鍛練をすれば、常にチャンスを与えてくれる場所。努力の甲斐もあり1年目からカウンターでコーヒーの抽出をさせてもらい、3年で店長という大役を任されるまでになりました。

やわらかな光とコーヒーの
香りに包まれて

奥さんの恵さんは、竜輔さんと同じ辻製菓専門学校を卒業した後、世田谷の「ヴォアラ洋菓子店」で4年間、お菓子の一通りの技術を学びました。友人に連れられて訪れたバッハで、田口さんに店長だった竜輔さんを紹介されおつきあいがはじまったといいます。その後、「東急ハンズ新宿店」に勤務し、調理器具販売などに携わり、会社の組織の仕組みや販売ノウハウを勉強しました。「製菓学校を出てパティシエを目指すと、お菓子だけになってしまいますが、違う分野でも仕事をしたことで、多くの人に出会えることができましたし、知識も得ることができました」

東急ハンズに2年間勤務した後、バッハで田口ご夫妻に師事。コーヒーの基礎を学ぶと共に、奥さんの田口文子さんからはカフェのママさん教育として、お客さまとの接し方、お店の豊かさとは何かを中心に、日々の運営のなかで多くのことを学びました。

まずは自己資金の範囲内から出発しなさい

最低100坪（うち6〜8台の駐車場スペース）の土地にケーキの製造工房と販売コーナー、それに10〜20席の客席スペースがあることが、崎山さんご夫妻の理想。しかし実際にそのお店を作るには、3000万円以上もの資金が必要でした。当時の自己資金はわずか500万円、必要資金には程遠い状態でした。そこで、借金をしてまでお店を出すのではなく、「自分達の資金でやれる範囲の商売から出発しなさい」という田口さんのアドバイスを受け、2000年、山梨県の恵さんの実家の庭先わずか2・5坪という敷地に、少ない資金でも開業できる自家焙煎コーヒー豆を販売する挽き売りの店を開業。ホームセンターで買ってきた50万円の小屋の中に焙煎機を入れ、お店としてのスタートを切りました。

「開業するなら、きちんとカフェをオープンさせたいと思う人がほとんどだと思います。仮に200 0万円借金をしてお店を出したとして、最初は物珍しさもあってお客さんが入り、1ヵ月で150万円の売上を立てられるかもしれない。でも、近くに新しいカフェができたら、そちらへお客さんが流れてしまう可能性もありますよね。お客さんが来なくても、アルバイトの人件費などお金はかかってしまうし、材料もたまって古くなってしまうという悪循環が起きて借金が膨らむ。コンスタントに10年、20年先も100万円以上売上を上げていくことは、個人店だと難しいことだと思います。儲かっている繁盛店ばかりを見て憧れているのではなく、一方でつぶれていくお店があるという現実をしっかりと見なくてはいけない。『自分が仕込んだ人間のお店は1軒でもつぶすわけにはいかない』と田口マスターに言われ、ムリのない豆売りからのスタートを選びました。少ない資金でお店を開いて売上を上げていく、これがバッハのマジックであり、神髄だと思います」

オープンしてからは、豆売りの月間販売目標を200kgに設定して、竜輔さんが焙煎した豆を恵さんが販売するという二人三脚でお店を運営。夜は竜輔さんがアルバイトをして、安定収入を得るとい

350万円でカフェをスタート

あと3年間豆売りをして販売目標を達成しようと思っていたとき、ホテルのオーナーの息子さんから、ホテルの1階でカフェを開業しないかと声がかかりました。夫妻の店に足を運んで話をしたとき、今どきこれほど地道なやり方をしている人はなかなかいない、これぞ商売の原点だと信頼を受けて、カフェ開業への道が開かれました。しかし、200kgの目標を達成していないため、辞退しようという気持ちもあったそうです。豆が200kgというと月100万円近くの売上になります。100万円の売上があれば豆の原価などを考えてもかなりの収入が得られ、よほどムリをしない限りお店はつぶれません。

では、なぜカフェ開業の決意をしたのでしょうか？

その理由は2つあります。まず、ホテル宿泊客へのモーニングサービスがあり、約20万円は売上が立つとオーナーから話があったこと。豆売りの収入と合わせて約70万、仮にカフェで1日1万円、1カ月で30万円売上を上げたら100万円に達し、家賃などを払っていっても最低限食べていけるお金が手元に残ります。もうひとつは、最寄りの河口湖駅からも徒歩10分と近く、大通りに面したわかりやすい立地であること。それまで豆を売っていた場所は、たどり着けないお客さまがいたほど、住宅街の中の非常にわかりづらい所でした。この立地条件の悪さをクリアでき、これから先、店が飛躍するためにも今度の話には挑戦してみる価値がある、そう夫妻の心は決まりました。

オープンまでの費用は、居抜きを利用して無駄を省き、約350万円と非常に少ない金額ですませ

ました。実際にかかった費用としては、ケーキを入れるショーケースがいちばん高かったとか。どうなるか先行きの読めない客席の売上に頼らず、安定した収入を確保できる豆売りをきちんと行ったために、わずか2カ月でオープンまでの資金をすべて回収する程の売上を上げることができたのです。

パブリシティーはお客さまの口コミで

　豆売りからカフェ開業までは順調に進んできましたが、カフェをオープンしてから最大の問題が待ちかまえていました。それは、お客さまの飲食店に対する先入観が強い土地であること。都心から近い観光地のため人口に対して飲食店の数が多く、特にファミリーレストランやファストフードなど、大手外食企業間の競争が激烈を極めていました。メニューのバリエーションや安価な商品を売りにした店が地元の人に影響を与えてしまい、商品の価値を「安さ」や「便宜」だけで判断してしまう傾向が根づいていたのです。そこで、プラドでは自信のあるコーヒーとケーキだけに商品を絞っているため、それを求めて来店してくれるお客さまをターゲットに、あえて宣伝はせずお客さまの口コミを狙いました。まだ地域性が強く残っている土地柄ですから、いい噂も悪い噂もすぐに広がるもの。プラドがオープンしたと広告を出しても、来店したお客さまにメニューが少なくて高いお店だと判断される危険性もあったのです。でもコーヒーとケーキがおいしいお店だという噂が口コミで広がれば、お客さまは必ず付いてくる。つまりこのような伝統的な地域性が残っている土地では、一般的な宣伝よりも人の口から口へと伝わる口コミこそがもっとも有効な宣伝法だと判断したのです。

　「プラドの噂を聞いて来店するお客さんは、はじめからいい印象を持っているので、商品を気に入っていただけたらすぐに常連さんのように近い関係になれます。でもただ、カフェという認識で来店され、インスタントもハンドピックした豆も関係ないという方は、何度いらっしゃってもなかなかいい関係にはなれません」

　口コミが広がるまでは、お客さまにパスタなどフードメニューがないのかと聞かれたり、価格だけ

MENU

◎ブレンド
　グレコブレンド…400円
　ゴヤブレンド…400円
　プラドブレンド…400円
　パリ風　カフェ・オ・レ…420円
　モカブレンド…420円
　イタリアン　カプチーノ…420円
　ソフトブレンド…400円
　エスプレッソ…360円

◎ストレートコーヒー(カップ)
　アインシュペンナー…480円
　インディア…380円
　マンデリン…380円
　エチオピア…380円
　グァテマラ…380円
　ニカアグラ…380円
　パナマ…380円
　ガヨマウンテンNo.1…680円
　ブルーマウンテンNo.2…380円

◎バリエーションドリンク
　アイスコーヒー…420円

◎ケーキ(季節によって異なる)
　タルト・オ・フレーズ…400円
　フルーツロール…360円
　キャラメルムース…320円

お客さまとの出会いで進化するカフェ

「コーヒーとケーキを通してお客さんと1歩、2歩と近づく繁盛店にしたいという目標はありますが、お客さんとの出会いによって、また新しい世界が広がるんです。私達の存在で、地元の方の気持ちが豊かになってくださることがいちばんの喜びです。さまざまないい出会いを経験して、自分達のカフェの形も進化できればベストですね」と最後にお二人で話してくれました。

良質な商品を提供し、それを求めてくれる地元のお客さまとの関係を大切に育んでいく。ブームに乗ってカフェが乱立するなか、他店と差別化を図る最大の武器といえるのではないでしょうか。

で商品の価値を判断されることもあったりしたそうですが、商品の説明をしながら接客を行い、お客さまとの距離を縮められるように努めました。1年目の売上は月150万円、2年目は160万～180万円までに。なかでもテイクアウト用の焼き菓子は、お祝い事やお礼などのお返しとしての需要が高く、予想以上に売上を伸ばしているそうです。

カフェは1年、2年ともに月約30万円と変化はありませんが、その内容は1度きりのお客さまではなく、1年間で培った常連さんを中心にした売上。プラドのスタイルが認知され、リピーターが付いてきたことを証明しています。

CASE*6

自宅を改装し独力で内装を仕上げた下町の和カフェ

和カフェ　らばさん
オーナー　石田一幸さん

わカフェ　らばさん
住所―〒171-0032　東京都豊島区雑司が谷2-27-7
Tel ―03-5391-1683
定休日―不定期休
営業時間―ランチ12:00～14:00　ティー＆ディナー16:30～20:22

1200万円で下町の自宅を改造

東京・池袋から徒歩15分。「和カフェ　らばさん」のある雑司が谷は、路面電車の都電荒川線が走り、鬼子母神や昔ながらの商店の佇まいが残る下町情緒あふれる住宅街。都会の喧騒を離れて、香り高い日本茶とおいしい食事が味わえるこの店は、「大人の隠れ家」として、オープン当初から口コミで近隣の人達にその評判が伝わっていったお店です。

オーナーの石田一幸さん（40）は、地元に生まれ、自宅1階のガレージを改装して、2002年4月に和カフェらばさんをオープン。

28歳で料理人の世界に入り、和食からワインバー、フレンチと料理修業を積んできた石田さんは、いずれは自分のお店を持つことを志していました。そうした目的意識を持って、調理師免許はもちろんソムリエの資格も取得したがんばり屋さんです。38歳のときにいよいよ独立開業を決意してアクションを起こしました。さっそく物件探しからはじめましたが、想い描いていた都心の物件は高く、資金的にとても手が届きませんでした。そこで慣れ親しんだ自宅のある地元に目を向けたところ、近くには東京音大や日本女子大があったので、意外にも若い女性の姿も目立っていたのです。そこで実際に通行量を調査してみると、1日800～1000人くらいが自宅の前を通ります。これなら商売になるのではないかと直感したそうです。

そこで石田さんは考えました。コアターゲットに、幅広い年齢の女性が気軽に一人でもくつろげるような業種は何だろうか」。その結果、"和風"をコンセプトにしたカフェ」に決まったのです。

すべてが手作りのらばさん

開店資金は10年間で貯めた自己資金が400万円。自宅の1階、10坪の駐車場を改造する費用、内装費、厨房設備や什器・備品類等、全部で1200万円を見積もりました。自宅の改造とはいっても1階の駐車場跡だったので、床や梁や壁面などまったく新しく立ち上げなければならなかったのです。改装ではなく改造といえるでしょう。自宅でしたので、敷金や保証金の類は必要ありませんでした（月々の家賃は周辺の相場よりも安いですが両親にきちんと払っているとのこと）。とはいっても自己資金では800万円ほど不足していたわけで、石田さんはA4判のレポート用紙で20枚にも及ぶ事業計画書を携えて、国民生活金融公庫に700万円の融資を申し込んだのです。自宅でしたから担保能力もあったおかげで、無事に融資まで漕ぎつけることができました。残りの不足分は奥さんやお姉さんから借りたそうです。

さて資金のめどが立ったところで石田さんは、全部自分自身の力で店を作ってみようという大胆なことを思いつきました。なぜなら「自宅ですから、開業準備に手間とヒマをかけることができるわけです。テナントだったらそんな悠長なことはいっていられないでしょうね。近隣の人達に話題提供、宣伝もかねて、店は全部自分の手作りでいこうと思いました。鉄骨の骨組みと設計だけ業者に頼んで、あとは配線も、壁塗りや床張りも、全部自分一人でやったんです」。

工期は、プロなら1カ月ででき

るところ、9月からたっぷり12月まで丸4カ月かかったそうです。「いちばん大変だったのは、天井の板張り張り。10kg近い板が80枚。もう生まれ変わっても大工だけにはなるまいと思いましたね」と笑います。しかし出来栄えは、とても素人の仕事とは思えないほどのりっぱな仕上がりです。

女性をターゲットに徹底したこだわりを追求

「飲食店は味だけでなく、きれいで居心地のよい空間であることも大切。衛生面に問題があってはだめです。特に女性はね」

さすが長年料理人として厨房に立ってきた人ならではの心配りです。また主なお客さまが女性であることから店内は全席禁煙にしてあります。

女性客を意識した細やかな心配りは店の造作だけではありません。プロの料理人だった石田さんの誇りがうかがえます。

「いろいろなレストランで働いてきましたが、大量調理やコストの関係上、どうしてもインスタントのダシや冷凍食材を使わざるを得ない場面に多くであってきました。でも自分ではそういうことをしたくなかった。化学調味料は、うまみは強いですが、食べ続けると舌が痛くなってくるんです」

料理の修業中、お世話になった先輩のフレンチレストランで、寝る間をおしんで自分でフォンを取っていた先輩の料理人がいました。その姿に尊敬の念を抱いていた石田さんは、「自分の店では本当に自分がおいしいと思うものをお客さまに出そう」と固く心に決めたそうです。

料理に使うスモークサーモンやロースハム、豆腐、パン、そしてデザートのケーキからあんみつの寒天、ぎゅうひまで、すべて無添加の素材を100％手作りで仕上げています。いっさい出来合いの加工食材を使っていないのですから、たいへんな労力です。

「お客さまがいるときに仕込みはできないので、営業が終わった深夜にも仕込みをします。家は3階なんですが、店の中で寝ちゃうこともあります」と文字通り1日18時間くらい厨房にいますね。だから1

```
MENU

◎ランチメニュー
 鮭のつけどんぶりセット…1000円
 （珈琲または本日の日本茶付き）
 鶏照り焼きどんぶりセット…1000円
 オープンサンドセット…1000円
◎日本茶＆ソフトドリンク
 茎茶…500円
 芽茶…500円
 深むし茶…500円
 煎茶…500円
 抹茶…500円
 抹茶カプチーノ…600円
 珈琲…500円
 アイス珈琲…550円
 エスプレッソ…500円
 カプチーノ…550円
 アイスカフェラッテ…600円
 紅茶…500円
 アイスティー…550円
 キャラメルミルク…550円
◎お酒
 ワイン（赤・白）グラス…700円
 カラフ（500mℓ）…1900円
 ボトル（750mℓ）…2800円
 ヒューガルデン…700円
 シードルグラス…600円
 ボトル（750mℓ）…1500円
◎甘味セット
 （ドリンクの価格にプラス300円でセット）
 あんみつ
 豆かん
 本日のタルト
 おからのベイクドケーキ
 おからのチップス入りキャラメルアイス
 らばさん特製キッシュ…600円
 きまぐれミニサラダ…500円
 冷やしおぼろ豆腐…500円
```

り寝る間もない仕事振りですが、それももとはといえば「自分のこだわりがもたらしたもの」と石田さんは笑います。

「おかげさまでお客さまの8割がリピーターです。学生時代に通ってくれた女子大生で、就職してからも、わざわざ途中下車して食べに来てくれる人もいる。本当に感激です。そういうお客さまがいてくれると思うと手は抜けません」

ドリンクは、和カフェを意識して、日本茶の品揃えを充実。茎茶、芽茶、深むし茶、煎茶といった特徴のわかりやすい4種類をセレクトし、自家焙煎の専門店から香りが飛ばないよう家庭用の小袋で送ってもらっています。コーヒーも焙煎した次の日に店には届きます」

石田さんの夢にはまだまだ続きがあります。この店でステップアップして、違う店も持つこと。そして最終的には、「南フランスで和カフェをやってみたい。そこを終の棲家にして、ゆったりとね」。

そんな未来を夢見て、今はらばさんのファンになってくれたお客さまたちに応え続けようと、石田さんは毎日、必死の努力を続けています。

CASE*7

CAFÉ de CRIÉ 九段下店

オーナー
森田行雄さん

カフェ・ド・クリエ くだんしたてん
住所―〒102-0074　東京都千代田区九段南1-4-5　文祥九段ビル1、2F
Tel―03-3239-7888
定休日―無休　営業時間―7:30〜22:00
本部―株式会社ポッカクリエイト　カフェ・ド・クリエFC本部
Tel―03-3267-8012(代)　URL―http://www.pokkacreate.co.jp

フランチャイズを活用し、経験ゼロの世界でカフェを開く

家業から自営業、そしてカフェのオーナーに

森田行雄さん（52）が「カフェ・ド・クリエ九段下店」のフランチャイズ（以下FC）オーナーとして人生の新たなスタートを切ったのは、1997年10月20日のこと。地下鉄東西線、半蔵門線、新宿線と3つの線が交差している九段下駅のすぐ目の前、靖国通りに面したオープンカフェスタイルの路面1階、2階が森田さんのお店です。お店のすぐ近く、南側には日本武道館と北の丸公園、そして皇居、靖国神社と文字通り東京の中心に位置する、カフェとしては最高に恵まれた場所です。お店の1階はオープンスタイルのカフェになっており、素敵な佇まいを見せています。奥さんと協力しながら開店してすでに6年が経過しています。お店の経営はきわめて順調。

しかし、順調に思える森田さんにもここまで来るのにはそれなりの紆余曲折がありました。森田さんは東京両国の生まれ。工学院大学で電気工学を専攻し、卒業してから商社に入りました。1年が経った頃、父親から、経営する食品会社に請われて長兄と一緒に入社。ところが「身内とはいっても長兄ばかりを立てて、同じ仕事を一生懸命こなしているにもかかわらず私を正当に評価してくれませんでした。そのうち父と兄との折り合いが悪くなり、いやな思いをしながら15年間を過ごしましたが、ついにがまんできなくなって退職してしまいました」。退職するに当たっては奥さんも理解してくれたそうです。

その後、奥さんの親戚の知人でクリーニング店の多店化を手掛けている社長と知り合いになり、この会社の関西進出に当たって、アンテナショップ（実験店）をやってみないか、と声をかけてくれたのです。そのための資金は社長が出し、大阪の十三でクリーニング店はスタートしました。当時森田さんは39歳。それから6年間、奥さんと二人三脚で必死にがんばり、「きわめて順調に伸びていった」

オープンテラスの店内はいつもお客さまでにぎわいます

はじめての仕事に飛び込む

そうです。6年目に入ったある日、森田さんの実父が他界、母親が一人になったため、軌道に乗ったクリーニング店を売却。東京に戻ることになりました。そのお店は繁盛店でしたので、同業者にとってもいい値段で買ってもらい、当面の生活に困らないほどの蓄えもありました。

東京に戻って、母親と一緒に暮らしはじめた森田さんですが、やはり長兄との仲がうまくいかず、実家の会社に戻ることはすっぱりあきらめ、あらためて自営でできる新たな商売にチャレンジすることに決意を固めました。毎日きちんと日銭が入ってくる現金商売が絶対条件。すぐ思い浮かんだのが飲食店でした。しかし、まったく経験がなかったため、料理を主体とした食べ物屋さんは難しいと判断。ドリンクと軽食主体のカフェならと思い立ったのでした。

「素人からはじめるならFCチェーンに

「カフェ・ド・クリエのFC本部は対応も親切でしたし、素人の細かい質問や疑問にもきちんと回答してくれました。もうひとつの大手のカフェチェーン本部はいまひとつで、物件の斡旋もなかなか返事がありませんでした。カフェ・ド・クリエはすぐに九段下の現在の物件を世話してくれました。そのことが決定的でしたね。容単価が200〜300円というカフェが成り立っていくためには立地条件がすべてです。そのことはクリーニング店をやっていましたからよくわかるんです。この九段下物件は通常、個人ではとても借りられる物件ではありません。名の知れたカフェチェーンだったから貸してくれたのです」

現在は2軒目を模索中

図表21に森田さんからうかがった数字とFCの開業に必要な資金の内訳を考慮しながら、筆者が組み立てた開業資金の概算内訳表をかかげておきました。細部の数値は多少は違っているでしょうが、5700万円強という数字はほぼ実際と近似していると考えてください。このうち金融機関からの借入は1500万円、残りはすべて森田さんがクリーニング店で苦労して貯めた貯金をあてた自己資金

図表20　カフェ・ド・クリエのFC加盟条件

加盟契約期間	5年間
FC加盟金	300万円（税別）
FC保証金	150万円（税別）
設計管理料	50万円（税別）
ロイヤリティ	毎月純売上の3％
販売促進費	毎月純売上の1.5％

※標準店35坪の場合

図表21　カフェ・ド・クリエ九段下店開業資金の内訳（概算）

項目	金額
FC加盟金	300万円
FC保証金	150万円
設計管理料	50万円
内装施工費	1980万円
空調換気設備費	400万円
厨房設備、イス・テーブル	1000万円
開業前費用	200万円
入居保証金	1700万円
合計	5780万円

※店舗規模1F、2F 延べ床面積33坪
※客席1F30席、2F50席、計80席

加盟するしかないと思いました」
そこで早速、大手のコーヒーショップチェーンでFCの加盟店を募集している会社2社に的を絞ったのです。相談に行き、「経歴を聞いてすぐにOKを出してくれて、おまけに最高の立地条件を紹介してくれたカフェ・ド・クリエに決めました」。

MENU

ブレンドコーヒー
…220円、L270円
アメリカン…220円
カフェオレ…280円
エスプレッソ…250円
カフェラテ…280円
カプチーノ…280円
ティーオーレ…220円
ティー…220円
ホットショコラ…280円
アイスカフェ
…220円
アイスカフェオーレ
…280円
アイスカフェラテ
…280円
アイスティー…220円
アイスティーオーレ
…280円
アイスショコラ
…280円

100％オレンジ
…270円　L320円
100％グレープジュース
…270円　L320円
発芽玄米パンのきのこサンド
…390円
（ドリンクセット…562円）
トースト…130円
（ドリンクセット…324円）
チリドッグ…280円
（ドリンクセット…467円）
あらびきソーセージドッグ
…250円
（ドリンクセット…448円）
ツナデニッシュサンド
…180円
（ドリンクセット…356円）
マロンクリームワッフル
…180円
（ドリンクセット…372円）
和風サラダ…280円
ミネストローネ…300円
（以上抜粋）

でまかないました。ところでお店のオープン当初から売上は順調で、現在の1年間の売上は概算で8000万円にもなります。この売上は1日当たりで約22万円強、月間で660万円強。通常、最初にかかった資金の1.5～2倍の売上があれば優良店といわれていますので、森田さんのお店はほぼこの条件をクリアしています。十分に成績優良店にランクされるはずです。

この売上で今、仮にFCの標準的な利益は10％程度ですから、年間約800万円ということになります。少なくとも借入金は2年を待たずに元利全額返済が可能でしょうし、森田さんが最初に出した資金も8割方償却が終わっているはずです。

森田さんは今は昼の12時に店に入り夜の20時まで、そして奥さんが、朝の10時からピークのランチタイムをはさんで午後の14時まで勤務しています。開店と閉店の作業は、延べ20名ほどいるアルバイトのなかのベテランに任せています。昨今は少し余裕がでてきたとのこと。

「おかげさまで資金回収はここまで順調でした。もうか2軒目のカフェをやってみようかとカミさんとも相談しています」と自信に満ちた答えが返ってきました。

CASE*8

Farmer's Cafe

オーナー
石川博子さん

ファーマーズ・カフェ
住所—〒150-0001　東京都渋谷区神宮前5-11-1
Tel—03-5766-5875
定休日—無休
営業時間—11:00〜20:00（月〜木）、11:00〜22:00（金）
12:00〜22:00（土）、12:00〜20:00（日祝日）

「雑貨」プラス「カフェ」 すべてが私の好きなもの。ターゲットは自分

多くのファンに支えられているカフェ

カフェが多いことでも知られる東京・原宿。最近は若手デザイナーの個性的な店が点在し、「裏原宿」と呼ばれるキャットストリート界隈は、流行に敏感な若者達の人気のスポット。そのストリートの一角にある、緑に囲まれ、ひときわ目を引くオープンテラスの一軒家。1階が30席のカフェ、2階が雑貨ショップというこの店のオーナーは、雑貨好きにはその名を知られた「ファーマーズ・テーブル」の石川博子さん。表参道の同潤会アパートの店舗を引き払い、ここに「ファーマーズ・カフェ」を併設した新店舗をオープンしたのは２０００年１１月のことでした。

石川さんがプロデュースする素朴で包み込むような優しい感じの食器とおいしいサンドイッチやケーキ、ゆったりとした穏やかな空間が、年齢を問わず多くのファンを引きつけています。スタイリストだった石川さんが、「クライアントに左右されない、自分の好きなテーブルウェアの世界を作りたい」と、原宿の同潤会アパートに小さな雑貨ショップを持ったのは、20年前の26歳のとき。その後、こつこつと固定ファンを増やし、店舗が手狭になって、新しい物件を探すことになりました。「ここは空き家でした。向かいはガーデニング店というロケーションで、天気のいい昼間に、緑を見ながらビールを飲んだらおいしいだろうなぁと思ったら、ごく自然にカフェもやろうと決まったんです」

また、石川さんがいつも考えているのは、「いい食器は使ってこそ料理は生きる」ということ。「ファーマーズ・テーブルで扱っている食器を実際に使って、ゆっくりくつろいでいただきたい」こともカフェ開業の動機でした。しかし、原宿の有名ストリートの一軒家は家賃も高額で、契約するときには本当に勇気がいったといいます。

緑に囲まれた一軒家でゆったりとした時間を

「でもやればよかった、と後々になって後悔するのはいや。もしうまくいかなかったらやめればいいやと思って」と、持ち前の楽天的な性格も手伝って、エイヤァと開店に踏み切ることに。

実際に同潤会アパートから引っ越してくると、お隣のガーデニング店のオーナーはファーマーズ・テーブルのもとからの常連客で、石川さんのために敷地の一部をつぶして、店の正面に道を作ってくれました。20年もお店をやってきて常連さんを大切にしてきたことが、思わぬところで助けになりました。おかげでメインストリートからスムーズに人が店に流れ、ガーデニング店のお客さまがついでにカフェも利用してくれるという相乗効果に結びついて、ガーデニング店のオーナーもとっても喜んでくれたそうです。

お客さまの満足を空気で感じる

そんな自然体で、順風満帆にやってきたように見える石川さんですが、カフェ

をはじめてみて、気になることがありました。

「雑貨だけをやっているときは、お客さまは気に入った商品がなければ、そのまま店を出ていきます。それに比べてカフェは、店に入ったお客さまはほぼ100％お金を払ってくれます。最初は空振りがなくていいなって思っていましたが、だんだん怖くなってきました。大丈夫？ おいしかったかな？ って心配。クレームがあっても日本人は言わないから、気に入らなくて黙って帰った人は、もう来てくれませんよね」

だから石川さんは、自分だけでなくスタッフにも、空気を「感じ取れ」と言い聞かせるそうです。食べているようすをさりげなく観察する。お皿に料理が残されていたら、後で自分で食べてみる。すぐに帰ってしまったお客さまがいたときは、その席にも座ってみる。雑貨の仕入れや経理も自分一人で行い、大忙しの石川さんですが、毎週火曜日には必ずカフェに立つことを心がけています。

「いま満足してもらえないと明日はない。お客さまがたくさん来てほしいではなく、一人でも多くのお客さまに満足して帰っていただくことが重要なんです」

いつもお客さまが満足しているか問いかける

石川さん自身は料理を作りません。カフェをオープンするに当たって最初にしたのは、料理スタッフを募集すること。雑貨を取り扱うのと同じく、カフェでも石川さんの役割は、料理人というアーティストの個性を見極め、それを生かすプロデューサー。面接では「得意な料理を一品作ってもらいました。採用基準は、おいしいことと、作る人の個性がウチの店に合っているか。合わないとお互いに辛いですから」。料理は創造力なので、何を作るかはスタッフの自主性に任せるという方針。その代わりランチは毎日欠かさず味見。「今日は何かなって、事務所で待っているのが楽しい。私の役目がいちばんおいしいんです」と笑う石川さん。

でも、「サンドイッチの具が毎日似ていたら、私はいや。スタッフに〝あなただったらどう？〟っ

133-132

て必ず聞きますね。それからおいしいだけでなく、お客さまお一人当たりお茶といっしょに1000円ぐらいの単価で満足してもらえているかどうか」。

ファーマーズ・テーブルもカフェも、コンセプトは、石川さんが自分で使いたいもの、食べたいもの。「ターゲットは自分」なのだそう。

「好きじゃないものを、売れ筋だからと取り入れると、もし売れなかったら、それが言い訳になってしまう。でも自分の世界で店を作ることは、いつも自分に、これでいい？ と問いかけることでうまくいかなかったら、それはセンスがないということです」

自分が納得する空間を一生懸命作ることが、結果的に幅広い年代のお客さまに支持されることに。カフェでも使っているケメックスのコーヒーメーカーは、石川さんがニューヨークで見つけ、そのデザイン性とコーヒーのおいしさに惚れ込み、日本の総代理店にまでなったもの。「そうなったら豆にもこだわりたい」とオリジナルのブレンド豆や専用スプーンなどを次々商品化し、カフェでそれを飲んだお客さまが、豆や小物を買っていくという、物販との相乗効果が生まれました。

「なぜだろう」の障害を越えて女を上げる

石川さんは「カフェやりたいって相談されたら、やりなよ、おもしろいからってすすめちゃう」と言います。「もしお客さまが来なかったら、お客さまのせいではなく、なぜだろうと考える。お店のなかにもヒントは転がっているし、いろんなところにアンテナを張って答えを見つけ、改善したらその結果がちゃんと見える。

「その壁に乗り越えられるときと、果てしなく高いときがあります。でもこれが乗り越えられたら、私またひと回りいい女になっちゃうなと思うと楽しいじゃないですか（笑）」

万事が前向き。元気な石川さんのパワーを浴びると、人も物も魅力が増してくるよう。そしてそんな石川さんを理解し陰で支えているのが、グラフィックデザイナーのご主人。直接店の運営には携わ

MENU

ランチ（日替わり、ドリンク付き）
スーププレート…1000円
サンドイッチプレート
　　　　　　　…1000円
カレーライスプレート
　　　　　　　…1000円
ケーキセット
　　　　…900～1200円
フレンチトースト・アイス添え
　　　　　　　…700円
サラダ…600円
フレンチフライポテト…400円
オニオンリング…400円
プチサンドセット…700円
ファーマーズブレンド
　　　　　　　…600円

アイスコーヒー…600円
ダージリンティー…600円
ハーブティー…600円
中国茶…600円
ゆず茶…700円
オレンジ&ピーチ…650円
マンゴミルク…700円
パッションフルーツミルク…700円
ベルギーの白ビール…800円
キリンビール…700円
ワイン…600円
ホットワイン…650円
カルーアミルク…650円
アイスクリーム…500円
マロンのムース…500円
抹茶ゼリー…500円
ごまプリン…500円
カフェオレ…600円

　っていませんが、店のメニュー表やカード、ロゴやサインのデザインは、すべてご主人の作品だそうです。ご主人のの存在が最大の「心の支え」という石川さんにとって、店は夫婦の「居心地のよい家庭」の延長でもあるようです。
　「カフェも結婚生活と一緒。はじめたときがスタートで、そこから少しずつ足したり引いたりしながら、自分達の味を出していくことがおもしろいのですよ」と教えてくれました。

5章 商う

カフェ経営のコツ。開店後まで考えておこう

カフェを経営する心構え
カフェ開業・経営Q&A
　Q1──親友3人でカフェめし系カフェをやりたい
　Q2──カフェのメニューはどのように構成したらよいか
　Q3──自家焙煎コーヒーをやってみたい
　Q4──ロードサイドでカフェをやってみたい
　Q5──売上が思うように上がらない
　Q6──従業員との関係で悩んでいる
　Q7──料理が遅いというクレームが多い
　Q8──将来、2、3店と店を増やしていきたい

カフェを経営する心構え

意志を強く持ち、
コンセプトを
明確にして

これまで、自分のカフェを開くことについて、いろいろな角度から必要な準備や知識について述べてきました。ここではいよいよ開店からお店を経営していくに当たって、どのような心構えや姿勢で臨むべきなのかについて話しましょう。

よしもとばななさんのお店作りの話

みなさんは将来、自分の想いを込めたカフェを開業してみたいと思っているでしょう。そうした想いをうまく言い表した言葉を紹介しておきましょう。

「まりちゃんの店には、まりちゃんがちゃんと考えて好きになったものしかないから、けばけばしい色のシロップもないし、器も琉球ガラスで、素朴だけどとてもきれいだし。そういう、まりちゃんにきちんと愛されてるものでできている空間にいると、気持ちがうんと落ち着くの。なんだかとても静かなきれいな感じがするから」

これは作家のよしもとばななさんが、読売新聞に連載している『海のふた』という小説の一節です。主人公のまりちゃんが故郷で開いた小さなかき氷屋さんについて、まりちゃんの親友になるはずめてちゃんによって語られた「私の店がはじめて本当に誰かから評価された瞬間」の言葉です。この言葉はカフェにもあてはまります。このように評価してくれる温かい言葉に対して、作者は後段で、その反対に「なんで赤いのはないの？（赤いシロップのかかったかき氷のこと）」や「甘くなくておいしくないわね」とか「見た目が地味で損した気がする」と悪気はありませんが、強く心に突き刺さる言葉を発するお客さまがいることにも触れています。

故郷の田舎で、小さなかき氷屋さんを開いてみて、自分のお店についてのこれだけ違った評価があることを主人公のまりちゃんは鋭く見抜いています。

ここまでカフェの開業については、資金や経営的なことばかりが重要視されており、あまりにも夢のない話が多い、と思われるかもしれません。しかし、資金も少なく知名度もない、ごく普通の人が

"好きこそ"がお店の"個性"

カフェを開くということは、言ってみれば自分が想いを込めた「考えて好きになったもの」や「愛されているものでできている空間」を自分に表現して、そこに集うお客さまに気に入っていただき、代金をいただくということです。自分の作ったメニュー、お店、サービスが、直接、お客さまのリアクションとなって返ってくる、これほど素敵な自己表現の場はほかにはないのでしょうか。

個人で営むお店の有利な点とは、お店のオーナーの個性そのものです。カフェの場合、特にその要素が強いといえます。これは大規模店やチェーン展開している企業経営のお店にはない特色です。カフェの場合、特にその要素が強いといえます。お客さまは、毎日お店に立っているオーナーの魅力を食べたり、飲んだりするために、足を運びます。その魅力がコーヒーであったりケーキであったり、また落ち着ける空間であったり、オーナーの「いらっしゃい」と迎えてくれる笑顔であったりちひろちゃんのかき氷屋さんのように、個人のお店は、10人いれば決して10人が好きになってくれるわけではないということ。お店はオーナー自身が"こうあってほしい"という個性の表現なわけですから、その個性をすべての人が気に入ってくれるお客さまがいればお店は成り立っていきます。そのとき心しておかなければならないのは、個性は磨かなければ光らず、ということです。日々の努力が欠かせません。

コンセプトとはお店のシナリオ

ところで何度も足を運んでくれる常連のお客さまを持っているお店には個性があります。個性とは、オーナーが何を自分のお店の特徴なのかということに対してはっきりした考え方を持っているということです。それと同じくらい大切なことは、何を売り物に（商品）、いくらで（価格）、どのような人

達をターゲットに（客層）、お店をどのような考え方をもとにお客さまに対して自分のお店をアピールしていくのか、ということにとって欠かすことのできない前提条件です。これらの要素がバラバラだと、いいお店作りはできません。

そこにはオーナーの考え方に裏付けられたひとつのストーリーが必要です。これをお店のコンセプトといいます。例えば、何＝自家焙煎コーヒーと自家製ケーキのカフェを、いくらで＝ブレンドコーヒー1杯400円、自家製ケーキ450円、合わせて豆の販売も行う、誰に＝近隣の住宅の居住者、30代〜60代の年齢層というように、まず自分のお店の基本的なシナリオを描いてから、細部を仕上げていくのです。

もっとも大切な自家焙煎コーヒーや自家製ケーキはどんな特色を持たせるのか。そのためにどんな設備が必要なのか。また客席で1杯のコーヒーとケーキをいくらで売ったらよいのか。落ち着いてコーヒーを味わってもらうためには、どんな内装がいいのか。店舗はどのくらいのスペースが必要なのか。お客さまが来店して、お帰りになるまでどのような気持ちを込めて、どのようなおもてなしをしたらいいのか。以上のようなことは、すべてあなた自身のコンセプトに基づきます。そのためにまずシナリオが必要なのです。

カフェはサービス業

カフェは当然のことながら、サービス業です。特に個人経営のお店の場合、オーナーの人間的な魅力がそのままお店の魅力につながるような面があります。カフェでも大きなチェーン店の場合、接客はマニュアルによって決められています。チェーンとは何百店という数の店舗があるわけですから、接客サービスの質を一定に保つためには、マニュアルというやり方しかないのかもしれません。

しかし、お店のオーナー即現場店長でもある個人店の場合、マニュアル的なサービスが求められているわけではありません。オーナーが"自分はこのようにおもてなしをしたい"という、自分なりの

スタイルの接客でいいのです。

　個人でやっているお店では、サービスの仕方はそれぞれ違います。ある自家焙煎のカフェのオーナーは、「いらっしゃい」「何にいたしますか」「はい、わかりました」そして帰りに「ありがとうございました」。いつ行ってもこの4つの言葉だけです。それ以外いっさいお客さまに余分な言葉をかけることはしません。無愛想といえば無愛想ですが、押し付けがましいところがなく、何時間でも放っておいてくれるので、一人でいたいときには居心地のよい店です。また、あるチーズケーキとパスタとピッツァと自家焙煎のコーヒーというカフェのお店は、30代のマスターと奥さん二人でやっています。お店に入ると、二人で「いらっしゃい」と笑顔で迎えてくれます。その後「お久しぶりですね。寒くなってきましたがテニスはまだやられていますか」などの声をかけてくることはありません。そのため、友人との休日の語らいにはぴったりで仕上げられ、高い天井とゆったりした客席。のんびりした時間が流れ、生活空間である自宅とは違った安らぎのあるお店です。

　個人オーナーのお店は、このように特にマニュアルなどに頼らなくても、オーナー自身のサービススタイルがそのままお店の雰囲気を形作っていて、その独得の雰囲気が気に入ったお客さまが常連となっていくのです。ですから、個人店のサービスは、自分を型にはめ込むようなマニュアル的なサービスではなく、心からお客さまをもてなすという気持ちがあれば、自分流の仕方でのサービスでいいのではないでしょうか。

　また、個人店の場合、大型店やチェーン店にはない接客上の特色があります。それは、個人店は地域密着でなければ成り立たないということです。個人店の場合、知名度がないことは稀ですし、遠方からお客さまが足を運んでくれるというわけでもありません。個人店を支えてくれるお客さまは、お店の近隣に職場や住居を持っている地元の人々です。地元の人達に見捨てられたら、個人経営のお店は成り立ちません。チェーン店も最近は地域密着をうたい、地域とのコミュニケーションについては

クレンリネス＝乱雑なお店は嫌われます

接客と並んでカフェにとって、決定的に大切なことは、いつもお店に行ってもいつも掃除が行き届いていて、清々しく整理整頓されている状態を保つということです。一般にこのことを業界用語で、クレンリネスといいます。カフェでも、カウンターキッチンに食材用のダンボールが無造作に置いてあったり、天井がすすだらけであったり、フードに油がこびりついていたり、トイレが汚かったり、レジに事務用品が乱雑に置かれていたりなど、いわゆるお客さまの目から見て気になる状態を放置しているお店がよくあります。特にカフェはメニューだけではなく、人々がそこでくつろぎや安らぎを求めるという、いわば時間と空間を売るという側面もある業態ですから、お店が乱雑なカフェは他の飲食店以上にお客さまに嫌われるのです。

例えばラーメン屋や丼店やすし屋などで、いかにも薄汚れているお店があります。それでも連日、待ち列ができるほど繁盛しています。それは内心で「汚いな」とお客さまが思っていても、それ以上に商品に魅力があるからなのです。でもそれは、本当はいけないことです。なぜならば、お客さまにお店が甘えているからです。最近は、クレンリネスという認識が飲食店経営者のなかにもかなり浸透してきていますから、かなりのお店で整理整頓、清潔度は高まってきています。この点でカフェに集うお客さまの認識度は、右のような業種に比べればはるかに厳しいものがあります。特に小さい個人店のカフェの場合、乱雑だとか、掃除が行き届いていないとか、キッチンの油汚れが目立つとか、床や壁面が薄汚れているなどは致命的です。

それなりの努力をしていますが、本来、チェーン店はそういう想定で運営されているわけではありません。地元のお客さまも、チェーン店を自分達のお店というよりは、よく名前を聞くからといった知名度や、便利で手軽だから、といった認識で捉えているのであって、それ以上のものを期待していません。また、個人店の場合のようにきめ細かい対応をチェーン店はとてもできるものではありません。

個人経営のお店は生業だから強い

個人で経営する小さなお店は、つまるところ生業店であります。生業店とは、お店を経営するオーナーの生活費を提供してくれる店という意味です。例えばAさんの経営するカフェが月150万円の売上があったとします。Aさんのカフェの月間損益を図表22のように想定してみました。

Aさんの給料は毎月40万円とし、その他のすべての諸経費を差し引くと、手元に10万5000円の利益が残ります。この利益をどのように考えるが、個人経営の店かそれとも企業経営の店かの分岐点になるのです。

もしAさんが、この利益をできれば自分の生活のために使いたい、と考えればAさんは個人経営者ということになります。そうではなく、とにかく一刻も早く借入金を返済して、利益を貯めて、次のお店の資金を作りたいと考えれば、企業経営者ということになります。これはオーナーAさんの考え方によるものですから、どちらがいいのかという問題ではありません。結局、利益を個人に還元するのか、新たな投資の資金として還元するのかで分かれてくるのです。したがって個人経営の場合は、理屈の上では、どうしても支払わなければならない、家賃や借入金の元利返済などの固定経費さえ支払うことができれば、最終的な利益はゼロでもやっていけます。一方で企業経営の場合は、利益がゼロならば、経営する意味がありません。個人経営のお店は、個人の生活が成り立てばいいのですから、結果として利益がゼロでも存在理由があるということになります。ですから、個人経営のお店は、他人を使わなければならない中途半端な企業経営のお店より強いのです。

図表22　Aさんのカフェの月間損益

売上	1,500,000円	100.0%
売上原価	495,000円	33.0%
Aさんの給与	400,000円	26.7%
家賃	180,000円	12.0%
その他経費	150,000円	10.0%
借入金元利返済	170,000円	11.3%
利益	105,000円	7.0%

カフェ開業・経営

Q&A

Q1 友達2人とお金を出し合って、3人で「カフェめし」のお店を計画中です。私は勤めのかたわら夜間の調理師学校に1年間通って、主にイタリア料理を勉強してきました。友人はフリーターと会社員です。カフェの計画を話したところ、ぜひ自分達にも参加させてほしい、資金も出すと言います。3人とも学生時代からの親友同士でまだ独身。気心も知れています。なお、予算は1000万円ほど、私の貯金が300万円、両親から200万円を借りて計500万円、友人は1人が150万円、もう1人が80万円用意しました。残りの不足分270万円は借り入れようと思っています。

A お互いが出資し合っての共同経営は、この場合おすすめできません。なぜならば、とても出資に見合う対価が期待できないからです。

開業予算が1000万円。このうち、もしテナントで入居ということになれば、保証金を支払い、残った資金でお店の内装や設備等をまかなうことになります。この程度の予算で借りられるお店の規模は10坪が上限でしょう。そのときの想定は、保証金が200万円、お店にかけられる予算がすべてを含めて坪80万円とします。坪単価80万円×10坪=800万円で合計1000万円。

10坪で保証金が200万円といいますと、立地条件としては、都心の2等立地であれば借りられる可能性はあります。この程度の規模のお店で、客席数は最大で20席程度。カフェめしですから、ランチ、アフターランチのコーヒータイム、そしてアフター5には食事やお酒の提供も想定し、全時間を通してのお客さま一人当たりの平均客単価は850円と想定します。客数で35人強、1日当たりの売上はせいぜい3万円。月間25日営業で月当たりの売上は75万円、年間で900万円。カフェめし屋さんで売上900万円として、人件費に割ける経費は270万円程度です（図表23参照）。これでは3人の人間が生活していくことはできません。独身の女性が部屋を借りて生活していくには、月々最低でも15万〜16万円程度の収入が必要です。月々3人で最低45万〜48万円の所得が必要なわけですから、月々最低お店の売上は、月150万〜160万円程度必要となります。したがって、年間で1800万〜1900

図表23

売上	900万円	100.0 %
売上原価	270万円	30.0 %
人件費	270万円	30.0 %
家賃	132万円	14.7 %
その他諸経費	90万円	10.0 %
借入金元利返済	61万円	6.8 %
利益	77万円	8.6 %

万円の売上がなければ3人の共同経営は成り立たないということになります。

年間900万円程度の売上で経営が成り立つには、あなたが一人でお店を切り盛りしていくのであれば、生活していく程度の収入を上げることはできそうです。

一般に個人経営の場合、出資を伴う共同経営というやり方は、トラブルのもととなるケースが多いのです。この場合、あなたが最大の出資者で、借入金もあなたが背負うことになりますから、あなたが経営の責任を負っているとはいえるでしょう。しかし、あとの2人もお金を出しているのですから、ある程度はそれに見合う収入がなければ当然不満を覚えます。そのことでせっかくの友情も壊れてしまっては大変です。

少なくともあなたは両親からの援助を含めて500万円の自己資金を用意できるのですから、残りを国民生活金融公庫などから借り入れて、独力で、開業することをおすすめします。友達はそのときに、アルバイトやヘルプとして手伝ってもらうことにしたらいかがでしょうか。

Q2
小さなオフィスが集まっている都心のビルの1階、15坪の物件を契約し、サラリーマンやOLを対象とした食事系のカフェを計画中です。朝11時30分から夜は22時くらいまでの営業時間を想定していますが、時間帯によってメニュー構成を変えていかなければならないと思っています。どのようにメニューを構成していくべきでしょうか。

A
ドリンク系のカフェやスイート＆デザート系のカフェは、売り物のメニューが絞られていますから、メニュー構成に関してはさほど頭を悩ますことはありません。しかし、食事系のカフェめし屋さんの場合は、それ

こそ、フードメニュー、ドリンクメニュー、ケーキないしデザートメニューからアルコールドリンクまで、ほぼフルラインの構成が必要となります。メニュー構成は開店時の難問のひとつです。

まず、食事系のカフェめしのメニュー構成に必要なのは、時間帯別のメニュー構成です。メニュー構成の基本的な考え方は、近隣のオフィスのサラリーマンやOLが気軽に立ち寄れる、地域のカフェというコンセプトだと思います。時間帯別のメニューはおよそ次のように考えることができます。

ランチタイム（11時30分～14時）

日替わりのセットメニューにパスタ、ほかにはカレー、オムライスといった米飯もので構成します。つまり、日替わりのメニューに定番メニューを組み合わせるのがよいでしょう。日替わりメニューについては、和、洋、中それぞれ1品ずつ、合計3品目を用意してください。お客さまにとっては毎日のことですから、できるだけ飽きがこないように配慮しましょう。

なお、この時間帯の客単価については、それぞれサラダとコーヒーをつけて800円台から900円台までで、1000円でおつりがくる値段設定にしましょう。

午後のブレイクタイム（14時～17時）

基本的にはティータイムになりますが、コーヒー専門店ではありませんから、1杯どりのドリップやサイフォン式ではなく、少し値段が張りますが、エスプレッソやカプチーノなどを抽出できるコーヒーマシンを導入するとよいでしょう。その他、ぜひともケーキ類を導入してみてください。コーヒーの値段は、セルフサービスのコーヒーと専門店のコーヒーのちょうど中間の300円台、これにケーキを注文した場合は600円台で想定します。ここで大切なことは、コーヒー1杯でも気軽に来店できる雰囲気が必要です。想定客単価は450円。

アフター5（17時～閉店）

夜はお酒と料理のコンビネーションを中心にメニュー構成を考えてみてください。カフェはレスト

ランではありませんが、かといってコーヒーと軽食に限定する必要もありません。カフェめし系の場合アフター5は、単に食事やコーヒーだけのお客さまは非常に少なく、むしろ職場で気心の知れた仲間とお酒を酌み交わしながら、一品料理を楽しむというスタイルが一般的になっています。ビール、ワイン、カクテル、ウイスキーのほかにソフトドリンク、それに酒類を意識した一品料理、そしてデザート、ケーキまでを含めて50品目程度のラインナップが必要です。想定客単価は2000円程度。

Q3 20代後半の夫婦で、妻の実家の一角（庭）にて、妻が焼いた焼き菓子の販売と喫茶をやっています。幸いお菓子のほうは、少しずつ近隣の住宅地の常連が付きはじめています。庭にはまだ5坪ほどの余裕がありますので、お菓子と一緒に自家焙煎の豆売りをやってみたいと思っています。自家焙煎コーヒーはどのようにやっていったらいいのでしょうか。

A 経営が軌道に乗ってきており、これに敷地内のスペースを利用して自家焙煎コーヒーをやるのはとてもいい考えだと思います。すでに近隣の常連さんが付きはじめ、コーヒー豆の販売も喫茶と店頭の豆売りの両方が可能。焼き菓子との相性もぴったりですから、追加投資をしても取り組む価値があるアイデアでしょう。

まず、自家焙煎の工房は5坪というスペースで十分開くことが可能です。

そして今あなたが、コーヒーに関してまったくの素人だとしますと、まず必要なのは、自家焙煎に必要な技能を学ぶことです。自家焙煎とは、コーヒーの生豆を仕入れてきて、自分で焙煎をし、付加価値をつけて売ることをいいますが、技術的には素人が参入できないほどハードルが高いわけではありません。しかしながら、コーヒーの生豆に関するきちんとした知識は要求されますし、焙煎過程で

図表24	自家焙煎に必要な費用
焙煎機	150万～250万円
消煙装置	100万円
計り、ミル、包材	30万円
空調設備	80万円
合計	360万～460万円

生じる不良豆の除去や焼きムラを生じさせないこと、生豆や焙煎豆の保管法など品質管理上のテクニックや知識ももちろん要求されてきます。手打ちそばやうどんと同じように、たやすく入門できるように見えますが、味覚追求に際限がないのと同じように、自家焙煎についても安定した、高いレベルのコーヒーを提供できるようになるにはそれなりの経験が必要なのです。

いちばんの近道は、実際に自家焙煎をやっているお店で学ぶことでしょう。また、比較的短期間に、自家焙煎の基礎的なことを教えてくれる学校(3章「カフェ開業に役立つ学校」参照)もあります。もちろん、一通りの基礎的な技術と知識を学んでから、後は自分で実際に自家焙煎コーヒー店で勉強させてもらうのがいちばん確実な方法でしょう。

てみるというやり方もありますが、少なくとも1年間くらいは、自分が納得のいく味覚の自家焙煎コーヒー店で勉強させてもらうのがいちばん確実な方法でしょう。

次に自家焙煎工房に必要な設備等の費用ですがおよそ次の通りとなります。

焙煎機は当初は、5kg用で十分です。なお消煙装置は住宅地などでは、焙煎で発生する煙をそのまま煙筒から流してはいけないので必要です。その他、特に夏場などは、工房内は相当な温度になりますから、空調設備が必要です。ただし図表24の費用はあくまでひとつの目安です。

あなたの場合、スタート当初の豆売りで月間50〜60kg、100g当たり550円として、月間で28万〜33万円程度の手堅い予測から出発して、徐々に顧客を増やしていくように考えるべきでしょう。焙煎機には国産のものもあれば輸入品もあり、値段もさまざまです。

これにカフェでのコーヒーを加えても十分にまかなえます。

Q4 生活道路沿いではありますが、ロードサイドの50坪ほどのスペース(更地)を知人から紹介されました。周辺は一戸建ての住宅地です。小さなお店だったら3〜4台の駐車スペースは取れそうです。かねてからカフェをやりたいと思っていたのですが、ロードサイドでどんなカフェをやっ

たらいいでしょうか。

A この場合の決め手は、ご指摘の通り駐車場スペースです。駐車場は1台に付き7坪、客席2席に付き1台が目安ですから、目安としては店舗規模が25坪であれば、3、4台、店舗が15坪程度であれば、5、6台確保することは可能です。

こうした前提条件を想定し、住宅地を背景とした生活道路沿いという立地条件を考慮したとき、どのようなカフェを選択すべきか考えてみましょう。

まず、時間対応型の食事系カフェは、2つの理由で不安があります。ひとつは競合店です。生活道路沿いとは、国道のような都市と都市を結ぶ幹線道路ではなく、商店街から学校や住宅地を結ぶ道路のことですが、このエリアには意外と競合店が多いといえます。最近のファミリーレストラン（典型的にはすかいらーくグループのガスト等）は、生活道路沿いに進出するケースが増えています。正直、料理等に特色がなければ、ファミリーレストラン等が2㎞圏内にある場合、まず太刀打ちできません。

もうひとつは、ロードサイドは、やはり平日と土、日祝日の繁閑差が大きく、この程度の駐車能力では稼ぎ時の集客力において不安が残ります。したがってカフェめし系はおすすめできません。

次はドリンク系ですが、コーヒーを主力としたカフェの場合、5台の駐車場で集客できるお客さまは最大で20名、最小で5名、可能性としては10名程度でしょう。それほど客単価は大きくありませんので、圧倒的な通行人口がある都心部ならともかく、住宅地の場合は思ったほど売上が上がりません。しかも夕方以降の集客に不安が残ります。郊外に伸びる私鉄沿線の商店街であれば可能性は大いに開けてきますが、ロードサイドでは、コーヒー店は成立しにくいでしょう。ただ、敷地面積が200坪くらいあり、しかも1日の車の通過台数が3000台以上ある生活道路沿いという条件であれば、セルフサービスタイプのカフェは、成立する可能性があります。現にこれに似た立地では、ガソリンスタンド併設のコーヒーショップチェーンがすでにたくさん出店されています。

では残った可能性としてもっとも大きいカフェは、スイート＆ベーカリー系で、ケーキまたはベーカリーか、その両方を併設したカフェです。これなら、周辺の住宅地の居住者を直接ターゲットにした営業が成り立ちますし、テイクアウトとイートイン両方の売上が期待できます。また食事系ではありませんから、ファミリーレストラン、牛丼、ファストフードなどとの競合の心配もありません。さらには平日と休日の繁閑差もあまりなく、特にベーカリー系は、日常的な需要が見込めます。50坪の敷地があれば店舗規模は15〜25坪程度、10〜20席程度のカフェを併設して十分、経営的に成り立つ可能性があります。この場合、主力はケーキまたはベーカリーの販売部門を中心に、カフェはあくまでこれらに併設されたフロアという位置付けになります。

さて次に、あなたの主体的な条件ですが、ケーキは嗜好品ですから、手作りでしかもかなり水準の高いものでなければなりません。つまりケーキ作りのプロでなければ、難しいでしょう。

残されたベーカリーですが、パン作りでもっとも難しいといわれているのは生地作りです。もし冷凍生地を使うなら、今現在、パン作りにおいては素人でも、比較的短期間でマスターできるようになります。これについては、冷凍生地を卸しているメーカーが技術的な指導をしてくれますし、あるいは製菓製パン学校で1年程度、勉強してもいいでしょう。いずれにしても、住宅地を背景とした日常的なニーズを安定的に見込めるカフェはこのスタイルです。あとは資金面や技術面などあなたの主体的な条件によってきます（店舗投資や設備投資については、4章の「厨房設備、機器」の項を参照）。

❓ Q5

1日3万人程度の乗降客数がある、比較的大きな私鉄駅につながる商店街の2階（1階は本屋さん）でイタリアンカフェをやっています。14坪、22席（オープンキッチンでカウンター席8席、他テーブル席）で、1日2万円ほどの売上で低迷、とても焦っています。メニューは、パスタが

149-148

主で、ピッツァやドリア、グラタン、ケーキ、ドリンクはエスプレッソやカプチーノ、紅茶というオーソドックスなメニューです。ランチタイムの客がほとんどで、夜はぽつんぽつんとしかお客さまが来ません。営業時間は朝11時から夜の21時までです。月60万円前後の売上を少なくとも100万円くらいにもっていかなければ厳しいので不安です。売上を上げるにはどうしたらいいでしょうか。

A 1日3万人の乗降客数がある私鉄駅は、相当大きな商圏を抱えています。この駅につながる商店街ならば、売上不振が立地条件によるものではないのは明らかです。

端的にいって、メニューに魅力がないのではないかと推測されます。メニュー上のことで考えられるのは次の3点です。

第1に、個々のメニューに魅力がない

第2に、割高感がある

第3に、時間帯別のニーズに応えていない

まず個々のメニューの魅力ですが、特にフードメニューについて、もう一度、根本的に見直してください。例えば主力メニューのパスタはどうですか。昔から「粉ものは利益が大きい」といわれ、ラーメン、そば、うどん、パスタは原価が安く、バリエーションも豊富で、いずれも国民食といわれるほど、深く広く浸透しているメニューです。それだけにいずれの商品も〝戦争〟という形容詞がつくくらい競争も実に激しいものがあります。メニューも水準以下だと相手にされません。それだけ消費者の味覚に対する評価が厳しい商品なのです。

例えば、もっとも基本的なパスタアイテムのペペロンチーノは、スパゲティ、にんにく、オリーブオイル、赤唐辛子、塩、パセリのみじん切りというシンプルな素材しか使いません。それだけにお店の味の水準がはっきり出てくるのです。あなたのお店もおそらくペペロンチーノをメニューに載せているでしょうが、果たして評判はどうでしょうか。スパゲティの麺はデュラムセモリナ100％のも

のを使っていますか。麺の太さはどのくらいのものを使っているときに使っている塩はちゃんとした自然塩を使って提供できていますか。にんにく、オリーブオイル、赤唐辛子を軽く炒めて作るガーリックオイルは、ほんのりした仕上がっていますか。素材となるにんにくや製品名を含めてきちんと確認したものを使っているでしょうか。

第2点の値段ですが、おそらく値段の割には満足感が薄い、つまり割高感があるのではないかと疑ってみることが必要です。したがって努力の方向としては、今の値段を維持しながら、品質や味覚の水準を飛躍的に上げていくことです。

第3の時間帯別のニーズについては、ランチタイムや午後の買い物帰りに立ち寄ってもらえるように、コーヒーやケーキの品揃え、そしておいしさをもっと意欲的に追求してみてください。またアフター5については、ワインやビール、カクテルなど酒類を少し導入し、お酒と一緒に楽しめる一品料理という観点から、もう一度メニュー構成を考え直してください。

1日3万人の乗降客数のある駅近くの商店街ですから、商圏人口に不足があるわけではありません。うちはカフェでありイタリアンの専門店ではないのだから、という安易な気持ちでメニュー開発に取り組んではいませんか。メニューの値段がそのメニューの価値を上回っているかどうか、再度、検証してみてください。

Q6 個人でパン、ケーキを作り、併せてカフェを経営しています。お店は開業から3年経ち、近隣のお客さまも付いてきて比較的順調です。最近、2年前に一緒にお店を立ち上げてきた従姉妹が結婚を機に辞めたので、フルタイムに近いベーカリー経験者を雇いました。その人との関係がしっくりいかずに悩んでいます。経験者なのですぐ戦力になると判断し、面接の感じもよかったので採用

151-150

しbroadcastしましたが、いざ一緒にやってみると、私のやり方に不満があるらしく、パン、ケーキの製造からカフェの接客まで自分流のやり方を通そうとするのです。厳しく注意して、辞められても困るし、かといってこのまま見過ごすこともできず困っています。最近は、その精神的なプレッシャーから体調が思わしくなく、このままではお店の運営にも支障が出てきます。どのように解決すればいいでしょうか。

A″ なかなか難しい問題です。おそらくその従業員は、ベーカリー系のカフェで製造から接客までかなりの経験を積んできた人なのでしょう。今までの経験があるので、あなたのやり方が歯がゆかったり、おかしいと思ったりしているのでしょう。あなたがストレスを感じているように、その従業員もストレスを感じていると思います。たしかにこのような気まずい関係をこのままにしておくということはお互いにいいことではありません。

2年間お店を続けてきたわけですから、あなたのお店の基本的な考え方や方針があるはずです。面接のときに、詳しい仕事の内容や心構えについて話し合いましたか。また、相手の意見や考え方を聞いたのでしょうか。つまり、採用してからこれだけ思い悩むほど、緊張した関係になってしまったのは、最初のボタンのかけ違いなのでしょう。2年間、あなたは気心の知れた従姉妹とお店を立ち上げてきた。こうした関係はいってみれば阿吽の呼吸で、お互いが考えていることがわかっていました。

しかし、経験者とはいえ、今度の相手は赤の他人です。そのあたりに採用時にあなたの姿勢に甘さがあったのだと思います。

では、どうすればいいのでしょうか。一度きちんと経営者＝オーナーの立場から、仕事の進め方や考え方について、話し合いをするべきでしょう。おそらくあなたは、自分のお店の考え方について相手に率直に話してはいないと思われます。一刻も早く時間を取って、話をするべきでしょう。お互いの心のうちを顔を見合わせて言葉にして話し合わなければ、しこりやわだかまりはいつまでたっても

解けません。企業と違って個人店は、組織的な分業で動いているわけではありません。お互い裸になった剥き出しの人間関係で動いているのです。他人といえども擬似家族的な人間関係の上に立った信頼感で動いているといってもいいでしょう。個人店の経営は、その意味では家族関係なのです。

これは飲食店の場合、いつも起こり得る問題です。オーナーと従業員の関係、パートやアルバイト同士の関係、キッチン担当者と接客担当者との関係などでギクシャクすることはよく見られることです。しかし、現場を日々運営していく上で、イニシアチブを取り、スムーズな人間関係を築いていく責任は、オーナーであり上司でもあるあなたにあるのです。接客を含むサービス業は、何といっても心と心とが触れ合う信頼関係こそが大切なこと。辞めてもらうのは簡単ですが、これからも他人との関係は続いていくのですから、ここはあなたが少し勇気を出して相手の心を開かせる手を差し伸べるべきでしょう。いったん、相手が心を開いてくれれば、経験者としてのその従業員の言葉が、単なる不平不満ではなく、あなたのお店にとって貴重なアドバイスになるかもしれません。

あなたの心が相手に対して閉じているために、その従業員が言っていることの真意が見えなくなっているかもしれません。一度真剣に話し合って、はっきりあなたの考えを相手に伝えて、相手も納得してくれた上で、その後もなお態度を改めてくれない、どうしてもこの人とはやっていけないと思うのなら、そのときに袂を分かっても遅くはないでしょう。

これもオーナーとしての度量が試されているひとつの試練として受け止めてはいかがでしょうか。

Q7

ビジネス街で、中国茶とエスニック料理を組み合わせたエスニックカフェをやっています。18坪、30席で、私が厨房で陣頭指揮をとり、他にアルバイト3名でやっています。特に混み合うランチや、お酒を出す夜の18時半から20時半くらいまでのピークに、料理の出が遅いとよくお客さまにお叱りを受けています。かといってこれ以上、アルバイトは雇えないのが現状です。もう少しスピ

―ディに料理をサービスするためには、どのような改善方法があるのでしょうか。

A 料理の出が遅いというクレームは軽く考えてはいけません。お客さまが、口に出して文句を言うということは、心の中でかなりイラついているということです。このことはやがて、あの店は料理が遅いと思われて、足が遠のく原因にもなってきます。リピートしてもらうためにも、何としてでも解決しなければならない問題です。

厨房の陣頭指揮はあなたが取っているのですから、あなた自身の仕事の進め方に問題があるということになります。もちろん料理の作り手でも手早く、スピーディにこなす人もいれば、不器用でひとつひとつの動作が遅い人もいます。遅いというのは、おそらくあなたの料理の手順のなかにその原因が潜んでいるのではないでしょうか。

料理でいちばん大切なことは、技量という点を除けば、段取りと手順です。料理を作らせればプロ顔負けの料理を作る人は決して珍しくはありません。しかし個人的な技量ということと、飲食店で手早く料理を作っていくということは必ずしも同じことを意味しません。

まず、飲食店の場合は、時間が非常に限られていること、一時に複数のオーダーが入ってくること、作る料理の品数が多いこと、同じ料理を複数作ること、の4つの条件が前提になります。学校や家庭で試作したり、家族に作ってあげたりするのとは、同じ料理といっても似て非なることです。

ランチタイムのあとの午後の仕込み時間を利用して、何度も料理の段取りをシミュレーションしてみてください。料理に習熟してくれば、レシピをそのたびに確認しなくても作れるようになります。あなたの相談の趣旨からいうと、もっとなかには厨房レイアウトなど外部的な要因もありますが、ポイントとなる点は、「段取りと手順」にあると思われます。

Q8

高校を卒業後、製菓学校で2年間、ベーカリーとケーキを学び、目下、お店で修業中の22歳の女性です。4、5年は今のお店でがんばってからお金を貯めて、独立してベーカリー＆ケーキのカフェのお店を持ち、将来は、企業化してお店を増やしていきたいと思っています。そのためには、どんな心がけでどんなことを学んでいくべきでしょうか。

A

若いのに早くからこうした目的意識を持っているのは、頼もしい限りです。ところで、ひとつの事業を起こそうとする人にとって、成功の条件は、次の3つだといわれています。

第1に持続力です。その事業に本当に惚れ込んで、情熱を持って取り組んでいける人のことです。人は好きなことをやっているときは努力を努力と思わないで、自然と打ち込むことができるといいます。このようなタイプの人は、長くその事業を続けることができる人です。たとえ途中で失敗したり、困難にぶち当たったりしても、打ち込んできた自分の経験のなかから謙虚にその原因を探し出して、その難局を乗り越え、新たな出発ができる人だからです。

第2に資金力。これは経済力と言い換えてもいいかもしれません。つまり事業に必要なお金を持っている人です。でも誤解がないようにいえば、お金を持っている人＝お金持ちではありません。同じ100万円でも、両親から100万円をもらった人はたしかにお金を持っていることにはなりますが、このようなタイプの人が事業を起こせる人とは思えません。毎月少しずつ自分が働いているお金のなかから貯金をして、100万円を事業のために貯めていけるようなタイプの人が資金力のある人、経済力のある人といえます。

第3に経営力です。経営者とは人をまとめていくリーダー的な資質を持った人のこと。これは何も大きな企業を意味しません。たとえ、3、4店のお店を持つ小さな企業でも、10人前後のスタッフを使っていかなければなりませんし、いくらオーナーに元気があっても、すべてのお店を一人で運営していくことはできないのです。当然、他のスタッフの力を借りなければなりません。そのとき大切な

のは、自分の考え方を理解してもらって、自分のお店のためにがんばってくれるように彼らを導かなければならないことです。オーナーや経営者は、社員や従業員がひとつの目標に向かって力を合わせていくように、ひとつにまとめていくリーダー力が必要なのです。

今のあなたは、自分の好きな道を見つけて、具体的な第一歩を歩みはじめたばかりです。まず、今のお店で自分の技術や技能を磨くこと。さらにお店が日々、どのように運営されているのか、その仕組みをよく勉強すること。そしてできればお店の店長になることを目指してください。よくその人の地位がその人を作るといいます。一従業員として働くことと、店長になってお店の運営していく立場にあるのとでは雲泥の差があります。従業員が担当する部署は、限られたものですが、店長になれば、従業員やアルバイトに具体的な作業を指示して、教育し、訓練をしていかなければなりません。人を教育し、訓練していくということは、まず自分がその作業をやってみせて、反復させていくことですから、自分自身が、従業員の担当する仕事に通じていなければできません。と同時に、経営者の経営方針に沿ってお店を運営していく責任を負うのです。具体的には、店長には必ず、その月ごとの売上目標、その他の経費の管理、さらには達成すべき営業利益が示され、従業員をまとめてその予算を達成することが義務付けられます。

あなたが将来にわたって、企業化を目指すならば、店長というポジションを体験するとしないとでは、大違いです。というのは、将来カフェを開業するとき、すでにあなたの頭の中には、売上や必要経費のことからパンやケーキを作る技術的なことまで、シミュレーションできるデータと経験があるのですから。あなたは少なくともお店に勤めている限りは、給料をもらいながら独立開業のオーナーとして、また開業後の経営者として必要なことを学ぶことができるのです。

目的を実現したいという強い意志と経験とを武器に邁進しましょう。

資料1　カフェの学校ガイド

●下記の学校は、3章にて紹介した学校です。カリキュラム等の詳細は、それぞれの学校にお問い合わせください。

大阪あべの辻調理師専門学校
〒545-0053　大阪市阿倍野区松崎町3-16-11
Tel ―0120-24-2418
URL―http://www.tsuji.ac.jp/

レコール　バンタン（L'ecole　Vantan）
〒153-0051　東京都目黒区上目黒1-3-3
Tel ―0120-01-4280
URL―http://www.vantan.net

カフェズ・キッチン
〒154-0004　東京都世田谷区太子堂2-24-6
Tel ―0120-66-0378
URL―http://www.sanaegakuen.co.jp

日本喫茶学院
〒105-0021　東京都港区東新橋1-2-15　上島ビル3F
Tel ―03-3571-3409
URL―http://www.n-fs.co.jp

心斎橋コーヒー院研究所　喫茶学校案内所
〒550-0011　大阪市西区阿波座1-2-10　本町岡村ビル5F
Tel ―06-6543-9015
URL―http://www.jin.ne.jp/coffeein

珈琲工房HORIGUCHI　世田谷店
〒156-0055　東京都世田谷区船橋1-12-15
Tel ―03-5477-4142
狛江店
〒201-0003　東京都狛江市和泉本町1-2-6
Tel ―03-5438-2141
URL―http://www.kohikobo.co.jp

資料2　コーヒーの生豆、焙煎豆の主な仕入先

●下記の会社は、コーヒーの生豆及び焙煎豆を扱っている国内最大手の会社で、ほぼ全国的なネットワークを持っています。なおこれらの会社は、紅茶やソフトドリンク、軽食用の食材も取り扱っています。

㈱アートコーヒー
〒153-8635　東京都目黒区中目黒1-8-3
Tel ─ 03-3719-1151

キーコーヒー㈱
〒105-8705　東京都港区西新橋2-34-4
Tel ─ 0120-192-008

㈱ドトールコーヒー
〒150-8412　東京都渋谷区神南1-10-1
Tel ─ 03-5459-9008

UCC 上島珈琲㈱　東京本部
〒105-8577　東京都港区浜松町1-18-16　住友浜松町ビル
Tel ─ 03-5400-5555

㈱ユニカフェ
〒105-0003　東京都港区西新橋2-11-9
Tel ─ 03-3504-1498

石光商事㈱
〒657-0856　神戸市灘区岩屋南町4-40
Tel ─ 078-861-7791

参考図書
雑誌「café& sweets」柴田書店
雑誌「ブレンド」柴田書店
雑誌「コーヒー＆紅茶」柴田書店
雑誌「カフェ＆レストラン」旭屋書店
『珈琲探索』伊藤博著　柴田書店
『珈琲、味をみがく』星田宏司、伊藤博、鎌田幸雄、柄沢和雄共著　雄鶏社
『日本茶・紅茶・中国茶』南廣子著　新星出版社

著者紹介
安田　理（やすだ　おさむ）

1970年早稲田大学政治経済学部卒。柴田書店「月刊食堂」、「月刊喫茶店経営」（現 café & sweets）の編集を経て、87年有限会社フードビジネス企画開発室を設立。主として飲食ビジネスの企画、コンサルティングに従事。大阪あべの辻調理師専門学校、同製菓専門学校の非常勤講師。主な著書に『カフェ・喫茶店オーナーになるには』（ぺりかん社）、『アメリカのテーマレストラン』、『業態別レストラン開発実務計画集』（以上、綜合ユニコム社）がある。その他『月刊飲食店経営』（商業界）、『月刊レジャー産業』（綜合ユニコム社）などに連載執筆。
　連絡先　フードビジネス企画開発室　Tel 03-5391-0525

執筆協力
早津貴子（CASE3、4、5）
阿多笑子（CASE6、8）

監修
大阪あべの辻調理師専門学校

撮影
梶　俊也
大亀京介（CASE2）

こだわりカフェを開く

2004年4月25日　初版第1刷発行

著　者　安田　理
監　修　大阪あべの辻調理師専門学校
発行者　宮田研二
発行所　株式会社ぺりかん社
　　　　〒113-0033　東京都文京区本郷1-28-36
　　　　TEL 03-3814-8515（営業）
　　　　　　03-3814-8732（編集）
　　　　http://www.perikansha.co.jp/

印刷・製本所　萩原印刷
装幀　高松ヨク

©Yasuda Osamu 2004
ISBN4-8315-1070-X
Printed in Japan

今すぐ役立つ！開業計画基礎講座

フードビジネス企画開発室代表　安田　理

P-1	1	資金調達法
P-4	2	事業計画書の書き方
P-8	3	開業計画時の損益分岐点の考え方
P-9	4	開業に当たっての必要な資格
P-9	5	開業に必要な営業許可と届出
P-10	6	個人か、法人か──税金の知識
P-12	7	従業員やパート、アルバイトの雇用

POINT 1 ─ 資金調達法

●開業資金の5割は自己資金で

独立開業に当たって、まず頭を悩ませるのは資金調達のことでしょう。資金調達は大きく分けて、自己資金と金融機関などから借り入れる借入金の2つがあります。

ひと昔前は、開業に必要な資金のうち自己資金は3割といわれていましたが、厳しいデフレ経済の現在では、5割は必要になってきているようです。なぜならば、今までは土地や建物の資産価値が上がっており、含み資産が見込めたため3割でも大丈夫でした。しかしデフレ経済下では、資産価値は目減りし、現金を持っている方が強いからです。

最近の独立開業サポートの経験からいうと、開業後経営が順調にいっているケースのほとんどが最初に5割以上の自己資金を用意しているということが多くなってきています。開業資金の5割以上を借入金に依存してしまうと、「金融機関の信用が得られにくい」、「開業後に資金ショートを起こす確率が高い」、「個人生活を圧迫する」など、のちのち運転資金や生活上の負担が大きくなってくるからです。

そもそも、これから自分の店を持って独立を果たしたいと思っている人が、開業資金の半分にも満たないお金しか用意していないというのでは、先が思いやられるでしょう。少なくとも、自分の預貯金、退職金、株などの有価証券、自宅やマンションなどの不動産資産などから、開業に必要な資金の5割以上は自己資金の形で、最初から計画的に準備しておく必要があります。

●まずは公的金融機関に相談を

民間の金融機関の融資条件は、取引関係があるか否か、担保や保証人があるか否か、経営状態はどうか、将来性があるか否かなど、非常に厳しい条件をクリアしなければなりません。実績のない個人規模の新規事業者に対するハードルは、非常に高いものがあります。

それに比べて、政府系の公的な金融機関の場合は、民間金融機関からの融資が受けにくい小規模な事業主に対する融資を目的としています。一口に公的な金融機関といっても中小企業金融公庫、国民生活金融公庫などさまざまなものがありますが、個人商店や飲食店の場合、なんといっても実績

のあるのは国民生活金融公庫です。

融資の対象者

ではどのくらいの規模の事業者が融資の対象になるのでしょうか。次の2つの規定があります。

① 資本金1000万円以下、あるいは従業員数100人以下の事業者

② 小売業、卸サービス業では、従業員数50人以下の事業者

資本金1000万円とは株式会社の最低資本金で、これには有限会社や個人事業主も含まれます。しかも、金融業や風俗産業以外ほとんどすべての業種が融資対象になります。

融資制度

国民生活金融公庫にはさまざまな融資制度がありますが、本書の読者に関係の深い融資制度としては、新規開業資金や女性・中高年起業家資金（女性または55歳以上の中高年の方）があります。

【新規開業資金】

次のいずれかの条件に該当する者。

1. 現在、勤務している企業と同じ業種の事業をはじめる人で、次のいずれかに該当する者。

 (1) 現在、勤務している企業に継続して6年以上勤務している者

 (2) 現在、勤務している企業と同じ業

種に通算して6年以上勤務している者

2. 大学等で修得した技能等と密接に関連した職種に継続して2年以上勤務し、その職種と密接に関連した業種の事業をはじめる者。

3. 技術やサービス等に工夫を加え多様なニーズに対応する事業をはじめる者。

4. 雇用の創出を伴う事業をはじめる者。

5. 1～4により新規開業しておおむね5年以内の者。

資金の使い道としては、運転資金。融資の限度額は4800万円以内（設備資金の場合は7200万円以内）、返済期間は7年以内（うち据置期間は1年以内）、年利率は1・6％（平成16年2月末現在、そのほかの条件としては保証人、担保または信用保証協会の保証が必要。

【女性・中高年起業家資金】

融資の対象者は次の通りです。

女性または55歳以上の者で、新たに事業をはじめる者または新規開業しておおむね5年以内の者。融資額は4800万円以内（設備資金の場合は7200万円以内、返済期間は7年以内（うち据置期間は1年以内）、年利率は1・6％（平成16年2月末現在）、その他の条件としては保証人、担保または信用保証協会の保証が必要。

なお、国民生活金融公庫には、一定の条件を満たしていれば無担保、無保証人で50万円までならば融資してくれる「新創業融資制度」もあります。年利率2・6％（平成16年2月現在）、融資期間は5～7年、半年間の元利返済据置期間が設けられています。

融資の申し込み方法

全国、各都道府県に152店舗の国民生活金融公庫の支店の融資相談窓口（各地域の商工会議所や商工会でも可）があります。まずはそこで自分の事業の概略を説明し、融資について気軽に相談をしてみてください。手続きは簡単です。融資に必要な書類一式──「借入申込書」、「新規（独立）開業計画書」、「個人営業の場合は「申告決算書（税務申告している場合）」、法人の場合は「登記簿謄本」、「前期の決算書」そしてできれば「初年度及び初年度月別収支・借入返済計画書」（これは任意）に必要事項を記入の上、国民生活金融公庫の窓口に申請します。審査に通れば、早くて1ヵ月程度で融資が受けられます

● 公的融資のメリット

個人の新規開業者にとって、国民生活金融公庫を筆頭とする公的な金融機関はもっとも強い味方です。民間金融機関よりも有

3-2

融資の条件が民間よりも緩やかな点は次の3点です。

① 融資の条件が民間よりも緩やか

民間の金融機関から融資を受ける場合、担保と保証人が必要となりますが、公庫の場合もそれは同じです。しかし、必ず担保が必要かといえば、実際には国民生活金融公庫の場合、約半数が無担保で融資を受けています。

また、国民生活金融公庫の新規開業資金及び女性・中高年起業家資金については、一定の条件を満たせば、前述の550万円以内に限り、無担保、無保証で融資を受けられる新創業融資制度もあります。預貯金や不動産、有価証券などの担保がないからといって、申請をあきらめる必要はありません。国民生活金融公庫の事業資金のうち、88％までが担保なし、保証人だけで融資を受けているので、まずは窓口で相談することです。

なお、担保の評価について、民間の場合、せいぜい5、6割ですが、公的機関の場合は7、8割、場合によっては9割くらいで評価してくれます。

保証人ですが、どうしても連帯保証人になってくれる人が見つからない場合は、信用保証協会を利用する道も開けています。公的な金融機関は、融資条件の点において、さまざまな点で民間よりも緩やかなのです。

② 金利が低い

厳しい不況下にあって、現在の公定歩合は戦後最低といわれ、事業のための貸出金利も民間でもかなり低くはなってきていますが、公的機関のそれは民間から融資を受けるのに比べ、低い金利で融資が受けられます。

③ 融資金額の全額を使える

民間の金融機関は、例えば預貯金などを担保に組み入れ、その分をあらかじめ申請した融資金額から差し引く、といったやり方をします。そのため結果的には、当初の金利よりも実際には実質金利が高くなってしまうことになります。しかし、公庫は預貯金制度がなく、融資の際も預金を担保に取るということがなく、融資された金額全額を使うことができます。これも公的機関の見逃せないメリットのひとつです。

国民生活金融公庫のホームページ
http://www.kokukin.go.jp/

● 民間の金融機関から融資を受けるコツ

あなたがこれから新規事業をはじめるに当たって、今まで事業主として何の実績もないのに銀行で融資を申し込んでも、その門前払いを食わされてしまうでしょう。

これまで取引関係がない銀行から融資を受けるのはきわめて難しく、ハードルが高いのです。もっともこれから事業をはじめるに当たって、十分な担保能力と自己資金（例えば多額の退職金などをそのまま銀行に預金しているなど）を持っており、しかもこれから起こす新規事業について十分な経験を積んできた人であれば、大いに可能性があります。しかし実際には、そんな条件に恵まれた人は稀です。

だからといって民間の金融機関をはじめからあきらめる必要はありません。現在、民間の金融機関は、デフレ不況下で企業なかなか銀行からお金を借りなくなってきているため、実際には少しでも新しい融資先を求めて必死になっているのが実情です。新規の独立開業者にとって資金調達の面で時代は少しは有利にはたらいているのです。

では、民間の金融機関から上手に融資を受けられるようにするにはどのようにしたらいか、そのコツをお話ししましょう。

① まず取引銀行を決める

最初にしなければならないことは、取引銀行（メインバンク）を決めることです。その場合の条件はまず、あなたがはじめる事業所や店舗から比較的近距離にある金融機関を選ぶべきでしょう。取引の金融機関が遠くに離れていると後々大変な労力的、

時間的なマイナスになります。対象の金融機関は必ずしも都市銀行や地方銀行である必要はありません。反対に独立開業ということを考えれば、むしろその地域に密着した金融機関（信用金庫や信用組合）の方が小回りが利いて、小規模の事業主にとってはずっと使い勝手がいいのです。

②口座を開設して預金をする

取引銀行を決めたら、さっそく口座を開設し、ガス、水道、電気等の公共料金や電話代の自動振替、場合によってはその時代の給与やボーナスの振込を勤めていたらまだあなたが会社等に勤めていたら、その時点銀行に預金をすることです。そして、融資を受けるに当たって決定的に大切なのが、その取引銀行への預金の一部をたとえわずかな額でも毎月定額の預金をしていくと、銀行への信頼性は抜群に高まります。そして日頃から、銀行の担当者に対して「この預金は独立開業に向けてのもの」であることをアピールしておきましょう。

③融資の際のチェックポイントを知っておく

独立開業の場合、過去の経営実績も将来性もほとんど未知数ですから、チェックするといってもその項目は限られたものになります。特に個人レベルでは、次のような項目があります。

・事業主の人物及び当該事業に関連する経験や職歴
・当該事業の内容、見込み、将来性について
・担保の有無
・資金の使い道

などです。

ポイントは、事業主の職歴や人物、信頼性と事業計画及び返済計画の2つが特に重視されることです。

④銀行の担当者と懇意になる

口座を開設し、将来の事業資金を預金しはじめたとき、窓口になる担当者とできる限り顔をあわせて直接のコンタクトを取るようにしましょう。こまめに足を運ぶことによって自分をアピールできますし、お互いに情報交換もできます。場合によっては、銀行が出店の物件情報や業者の情報などを教えてくれます。こうして直接担当者と懇意になることによって、信頼関係が築かれ、いざというときの助けになります。

POINT 2 ── 事業計画書の書き方

これから開業する自分の商売や事業に関して、きちんとした事業計画を立てる必要があります。この事業計画書がなければ、金融機関はお金を貸してくれませんし、自分の商売がこれからどうなっていくのか判断すらできません。荒海を羅針盤なしに船出するようなもので危険この上ないことです。

ここでは、これから独立開業を志す人が、自分で事業計画書をどのように書いたらいいか、できるだけ分かりやすいフォーマット（形式）を説明したいと思います。

事業の具体的な内容

まず、自分がはじめる事業の内容を説明します。その事業の将来性、市場規模を踏まえ、自分の事業に関する商品やサービス、ノウハウ、店舗について分かりやすく説明することが必要です。

開業に必要な資金計画

店舗を開業するに当たって必要な資金の内訳表のことです。物販の小売業と飲食業では店舗や設備等に若干の違いはありますが、自分の所有地に店舗を開業する以外は、家主に家賃を払ってテナントとして入居する場合がほとんどです。したがって入居時に家主に支払う敷金や保証金が必要になり

●事業計画書に必要な項目

事業計画書を作るに当たって必要な項目

5-4

表1　開業資金一覧表
飲食店のモデルケース

(単位：円)

科目	金額	内訳
1) 入居保証金	1,500,000	坪当たり換算、約115,000円
小計	1,500,000	
2) 店舗設備		
外装工事費	500,000	外壁工事
内装工事費	4,550,000	坪当たり換算、350,000円
看板据付工事費	200,000	オリジナルの看板の据付工事
イス、テーブル他装飾費	450,000	カウンター席の意匠、イス、テーブル
空調設備工事費	400,000	エアコンの据付工事
照明器具費	250,000	照明器具の据付工事
配線工事費	150,000	厨房設備及客席照明等の配線工事
小計	6,500,000	
3) 開店経費		
開店告知宣伝費	500,000	オープン用の新聞チラシ印刷費
開店準備活動費	200,000	競合店調査費、不動産手数料など
設計料	455,000	2) 店舗設備費の7％
小計	1,155,000	
4) 開店仕入代金		
開店時の商品仕入代金	450,000	開店時の食材、備品、食器等の仕入れ
その他予備費	300,000	予備費として計上(主として前家賃)
小計	750,000	
合計	9,905,000	

※1　モデルケースは、東京の郊外と都心を結ぶ私鉄の中継駅前商店街の雑居ビル1階のカフェを想定。店舗面積は13坪で客席数は28席。
※2　物販を主力とする一般商店の場合は、厨房設備工事費の代わりに、陳列棚・設備費を想定してください。
※3　このモデルに沿って以下、自分で数字を入れてみてください。モデルケースでは、総資金9,905,000円の予算で各科目を想定し予算を配分してみました。
※4　自己資金は50％に当たる4,952,500円、残りは公的金融機関から借入。元金均等返済で返済期間は5年間、年利率は2.7％という条件です(平成15年12月末現在)。

店舗に必要な資金としては外装や内装の工事費用、看板据付費用、店内の装飾費用、空調設備費用、照明器具や配線工事費用、給排水工事費用、客席のイス、テーブルなどの家具類、その他備品類、それに開店時の経費(主として開店を知らせる広告費用)、小売業は商品によっては陳列棚や陳列器具の据付工事費用、飲食業の場合は厨房設備の据付工事費用などがあります。

表2　売上計画表

(単位：円)

科目	金額	内訳
売上高	13,230,000	客単価　1,050円×1日平均客数42人(客席1.5回転)×月間営業日数25日×12カ月
合計	13,230,000	

	(単位：円、%)
5年度	構成比
13,230,000	100.0
1,102,500	
3,969,000	30.0
9,261,000	70.0
3,307,500	25.0
1,587,600	12.0
1,323,000	10.0
26,744	0.2
1,170,000	8.3
7,414,845	56.0
1,846,155	14.0
923,077	7.0
2,093,077	
990,500	
0	

表3 減価償却（定額法） （単位：円）

科目	金額	償却年限	初年度償却額	減価償却算出法
2）店舗設備	6,500,000	5年間	1,170,000	6,500,000×90%÷5年間（残存率10%）
3）開店経費	1,155,000	3年間	385,000	1,155,000÷3年間（全額均等償却）
合計	7,655,000		1,555,000	

※1 新たに事業をはじめるに当たって、店舗設備や設計料などの開店経費は、一定年限内で税務上、損金として計上することが認められています。しかし実際には、この経費は他人に支払われる経費ではなく、会計上の経費として収益から控除されるので、減価償却相当額が事業主に留保されることになります。

※2 減価償却法には定額法と定率法とがありますが、小規模な商店や飲食店は毎期均等に償却していく定額法が採用されます。

※3 減価償却費＝取得価格×90%÷償却年限で計算されます。定額法は、取得価格の90%を償却年限内で均等に配分していきます。残りの10%は、償却年限完了時の残存価格です。ただし入居保証金は、物件取得費用であり、賃貸契約解除の際、返金されるので通常は減価償却費の科目から除外します。

※4 3）開店経費は、設備等の固定資産以外の設計料等であるから、全額、償却年限内の均等償却とします。

表4 販売管理費 （単位：円）

科目	金額	内訳
売上原価	3,969,000	年間売上高13,230,000円に対して30%
人件費	3,307,500	〃 25%、主として店主の給与
家賃	1,587,600	〃 12%、月／坪当たり10,177円
諸経費	1,323,000	〃 10%
借入元金返済	990,500	借入金4,952,500円÷5年間
金利	133,718	初年度の支払金利（借入金4,952,500円×2.7%）
減価償却費	1,555,000	
合計	12,866,318	

※1 借入金4,952,500円の元利返済は次のようになります。 （単位：円）

	初年度	2年度	3年度	4年度	5年度
返済額	990,500	990,500	990,500	990,500	990,500
借入残高	3,962,000	2,971,500	1,981,000	990,500	0
金利	133,718	106,974	80,231	53,487	26,744

売上計画表

売上を算出する基本公式は、小売業であろうと飲食業であろうと次の計算式になります。

客単価（お客さま一人当たりの消費金額）×客数

まず、自分の店の客単価がいくら程度になるのかを想定します。次に1日、1週間、1カ月、そして年間の客数を予測します。その場合、立地条件や曜日、そして季節的な要因（変数）を加味して、曜日別、月別の売上を予測し、年間の売上高を算出します（表2）。

販売管理費の算出

次に売上高に対する、営業開始後の経費を算定しておく必要があります。

主な経費は、売上原価（飲食業なら食材等の仕入費、小売店なら商品や材料の仕入費）、人件費（店主の給料や従業員の給料、パ

表5　事業収支計画及び資金繰表

	科目	初年度	構成比	2年度	構成比	3年度	構成比	4年度	構成比
1	売上高／年	13,230,000	100.0	13,230,000	100.0	13,230,000	100.0	13,230,000	100.0
	売上高／月	1,102,500		1,102,500		1,102,500		1,102,500	
2	売上原価	3,969,000	30.0	3,969,000	30.0	3,969,000	30.0	3,969,000	30.0
3	粗利益高	9,261,000	70.0	9,261,000	70.0	9,261,000	70.0	9,261,000	70.0
4	人件費	3,307,500	25.0	3,307,500	25.0	3,307,500	25.0	3,307,500	25.0
5	家賃	1,587,600	12.0	1,587,600	12.0	1,587,600	12.0	1,587,600	12.0
6	諸経費	1,323,000	10.0	1,323,000	10.0	1,323,000	10.0	1,323,000	10.0
7	金利	133,718	1.2	106,974	0.8	80,231	0.6	53,487	0.5
8	減価償却費	1,555,000	11.8	1,555,000	11.8	1,555,000	11.8	1,170,000	8.8
9	販売管理費計	7,906,818	60.0	7,880,074	59.6	7,853,331	59.4	7,441,587	56.2
10	税引前利益	1,354,182	10.2	1,380,926	10.4	1,407,669	10.6	1,819,413	13.8
11	税引後利益	677,091	5.1	690,463	5.2	703,835	5.3	909,706	6.9
12	返済可能額（キャッシュフロー）	2,232,091		2,245,463		2,258,835		2,079,706	
13	返済予定額	990,500		990,500		990,500		990,500	
14	借入金残高	3,962,000		2,971,500		1,981,000		990,500	

※　条件　借入金 4,952,500 円　年金利2.7％　元金5年均等返済

3 粗利益高＝1売上高－2売上原価
6 諸経費＝水光熱費、通信費、交通費、広告宣伝費、消耗品費、メンテナンス費用、保険料、雑費など
9 販売管理費計＝4人件費～8減価償却費の合計
10 税引前利益＝3粗利益高－9販売管理費計
11 税引後利益＝10税引前利益から法人税等（約50％）を差し引いた額
12 返済可能額（キャッシュフロー）＝8減価償却費＋11税引後利益

●事業収支計画および資金繰表

以上、開業資金一覧表、売上計画表、営業経費など事業計画に必要な勘定科目をすべて洗い出して、それを表1から表4までの一覧表にして整理し、最後に、お店の損益計算表と借入金の元利返済を一覧にして収支計画としてまとめておきます（表5）。

この事業収支計画表と資金繰表（金融機関から借り入れた元金と金利をどのように返済していくのか）をまとめてはじめて、

トやアルバイトの時給等）、家賃（テナント入居した場合の月々の家賃）、その他の諸経費（水道、電気、ガスなどの水光熱費、電話等の通信費、交通費、広告宣伝費、店舗の備品や包装紙などの消耗品費、設備のメンテナンス費用、火災や盗難に対する保険料、雑費等）、それに借入がある場合は、月々の借入元金返済および金利、減価償却費（減価償却費の算出法は表3）です（販売管理費の一覧表は表4）。

さて、ここで表4の販売管理費の経費の構成についてですが、これは売上高を100％としてそれぞれ比率で配分してみると分かりやすいでしょう。売上高を100％として、例えば年間に10％の利益を確保したいのなら、使える経費は90％以内で抑えなければなりません。

POINT 3 —— 開業計画時の損益分岐点の考え方

以上、表1から表5までをひとつのフォーマットとしてまとめておきましたので、それぞれのフォーマットに自分の数値を当てはめてみて、事業計画書を作成してみてください。

金融機関に対して融資の申し込みができ、自分の事業に対する計画の全体像を認識することにもなるのです。

資金計画のめどもが立って、出店場所も物件も見通しがついたとしましょう。

それではわが店はいったい最低でもいくらの売上を上げなければならないのか。これから開業する計画段階で必要最低売上（＝損益分岐点売上）はどのように計算したらよいかを示したのが表6です。

まず、売上原価、人件費、諸経費はお店がスタートしてからコントロール可能な経費です。しかしここで初期条件として記載されている家賃、支払金利、減価償却費の3つの経費は、最初から決められているコントロールできない経費です。

家賃は家主との賃貸契約によって決められていますし、金利は金融機関と約束した契約です。減価償却費もすでに最初に決められた固定費です。この3つの初期条件だけは計画段階からすでにわかっている固定経費ですから、売上高100％に対して、初期条件以外の売上原価、人件費、諸経費の実数値を記入し、A、B、Cのような想定をして損益を算出したのが表6です。

実際の数字は、表5のケースを当てはめてあります。

表5のケースでは、計画上の損益分岐点売上、すなわち収支がゼロとなるポイントは売上比率の35％が初期条件の327万6318円と等しい値で、この売上が損益分岐点売上です。

次にBのように10％の利益を確保したいときの必要売上は、売上比率の25％が初期条件と等しくなるポイントで、その値は1310万5272円となります。

あるいはCのように年間100万円の利益を確保したいときの必要売上は、初期条件に100万円を加えた額が、売上比率35％と等しくなるポイントで、その値は1221万8051円となります。このように表6のフォーマットで表5の事業計画書から導き出された数字を当てはめれば、開業計画時の損益分岐点売上を簡単に計算できるのです。

表6　開業計画時の損益分岐点売上の算出法

		売上比率	売上比率	売上比率	売上比率	売上比率
	売上高	100%	100%	100%	100%	100%
	売上原価	30%	65%	65%	65%	65%
	人件費	25%				
	諸経費	10%				
初期条件	家賃	1,587,600円	合計	35%	25%	1,000,000円を含み35%
	支払金利	133,718円	3,276,318円			
	減価償却費	1,555,000円				
			損益	A：0%	B：10%	C：1,000,000円

A：損益分岐点売上高	3,276,318円÷35％＝9,360,909円
B：利益が10％の必要売上高	3,276,318円÷25％＝13,105,272円
C：利益が1,000,000円の必要売上高	（3,276,318円＋1,000,000円）÷35％＝12,218,051円

POINT 4 ── 開業に当たっての必要な資格

独立開業に当たっては、自分の商売や事業について、許認可が必要な業種かどうかをあらかじめ調べておきましょう。許認可について法律で定められた一定の基準を満たしていなければ開業することはできませんん。許認可を受けないまま開業すれば罰せられますから要注意です。

許認可には大きく分けて次の3つがあります。

① 免許

一定の資格要件を満たしたもののみに営業権を与えるもので、代表的には酒類販売業などがこれに該当します。ただし酒類販売業は業種それ自体が免許制になっているケースですが、業種によっては資格を持った人物がいなければ実質的に開業できないケースもあります。

例えば代表的なものには、飲食店や食品販売業の場合、食品衛生法に基づいて、開業地にある保健所に許可申請をすると共に、必ず**食品衛生責任者**を置くことが義務付けられています。同資格を取得するには、調理師免許、栄養士、製菓衛生師、食品衛生管理者は免除されますが、資格を持っていない人は、当該地域の保健所に問い合わせて、定期的に開催されている食品衛生責任者のための講習会を受講し、受講ずみ証明をもらうことが必要です。これは1日で済む講習会です。

また、飲食店開業の場合、旅館やホテル、給食業などに就職する場合、調理師免許を持っていることを義務付けている場合もありますが、独立開業の場合、必ずしも調理師免許を持っていなければならないということはありません。

その他、理容師や美容師、薬剤師など業種ごとに有資格者であることが義務付けられている業種があることはいうまでもありません。

しかし、花屋、雑貨屋、ケーキ屋、ベーカリーなど独立開業に関連するほとんどの業種は、特別な場合を除いて免許や資格は必要ありません。

② 許可

開業予定の地域の保健所に所定の書式の申請書を提出し、一定の条件を満たしていると判断されると、開業が認められるというもので、代表的なものとしては、飲食業や食料品販売業（デリカテッセン、惣菜店、弁当店、食肉販売業など主として食料品販売を主力とする小売業など）、旅館業（ペンション経営などを含む）などがあります。最近の新規事業にも許認可が必要な業種がありますのでよく注意しておいてください。

③ 届出

届出書類を提出するだけで開業できるもので、美容業や理容業、クリーニング業などです。認可、届出に必要な書類は、開業しようと思っている地域の保健所にありますので申し出てください。

POINT 5 ── 開業に必要な営業許可と届出

新規開業の場合、POINT4で説明したように、飲食店及び食料品店等は食品衛生法及び消防法に定める基準に合致していなければ、営業許可が下りません。ここでは飲食店を例にしてふれておきましょう。

● 食品衛生法

自分が開業する所轄の保健所に許可申請します。その場合、申請に必要な書類は、以下の通りです。

・営業許可申請書（保健所に所定の用紙あり）

・営業設備の大要2部（保健所に所定の用紙あり。なお、営業施設については必ず設備や機器類の仕様、配置図が必要）

・印鑑（法人の場合は代表者印と会社謄本1通）
・申請手数料

以上の手続きは必ず店舗がオープンする遅くとも7～10日前には必要事項を記入の上、必要書類を添付して申請してください。

申請を受けた当該保健所は、まず食品衛生責任者名や営業設備や受水槽から給水されている場合の水質検査などが営業許可施設基準に合致しているかどうかをチェックし、基準に合致していれば許可書が交付されます。合致していなければ設備等の変更を求められることになりますので、申請書類の提出は必ず工事中に保健所で行ってください。なお、申請に当たっては、店舗デザイナーや施工業者に相談しましょう。彼らは保健所の求める設備基準を熟知しているので、申請について、実際には図面から設備の仕様書まで彼らの協力を仰ぐのが一番です。

● 消防法

食品衛生法と同様、消防法に基づく所轄消防署の検査を受けなければ、開業することはできません。検査対象は、内装材の防火性、誘導灯や非常灯、非常口など電気設備、ダクト、レンジ回り等の防火性や防火区画などが対象となります。これらについても設計者や内装施工業者が十分な知識を持っていますから、事業主は自分の思い描く内装材や電気設備、あるいは特に直火を使用する厨房のレンジ回り等消防法の基準に照らして、どうなのかを十分に相談すべきでしょう。

POINT 6 個人か、法人か──税金の知識

独立開業をスタートさせるに当たって、個人事業としてやっていくのか、会社を設立すべきかの選択をしなければなりません。ありていにいえば個人事業は、ほとんど法的な制約がなく、事業をスタートさせることが出だけで、事業をスタートさせることができます。極端にいえば電話一本ですぐにでももはじめられる手軽さがあります。これに対し会社を設立するとなると、資本金の調達（株式会社の場合は最低1000万円以上、有限会社の場合は300万円以上）、役員や定款など登記上のさまざまな制約条件があります。また司法書士などに登記手続きを代行してもらうと、登記費用及び手数料の費用を合わせて最低でも30万円を超える費用がかかります。しかしこうした手続きにもかかわらず、たとえ小規模な事業でも会社を設立する人が多いのは、それな

● 個人事業の場合

独立して事業をはじめる場合、個人事業としてスタートする人も少なくありません。なぜなら個人事業はたとえ自分一人でもすぐに事業をはじめることができるからです。従業員も雇わず、青色申告（後述します）もしない場合は、次の3つをいずれも税務署に届け出るだけですますことができます。

① 個人事業の開業届出書
自宅または事業所の所轄の税務署に、開業から1カ月以内に「個人で事業を開始した」という旨の書類を提出します。

② 個人事業開始申告書
これは事業所が所在する所轄の税務署に提出します。

③ 所得税の棚卸資産の評価方法、減価償却資産の償却方法の届出書
棚卸というのはその年の年度末の商品等の保有している価格のことで、いわば実地棚卸しの評価をどのようにするのかをあらかじめ決めて届け出ておくことです。減価償却についてはPOINT2の表3に述べてありますから参照してください。これも税金を納める所轄の税務署に翌年の確定申告のときまでに届け出ておきます。

●青色申告のすすめ

一般に法人は個人事業に比べて税金面で有利だといわれていますが、個人事業の場合でも、

① 家族従業員の適正な給与が全額必要経費となる

② 家事に関連した費用が経費として認められる

など青色申告特別控除や青色専従者給与の必要経費への算入などを活用して、所得税の申告の用紙が白色用紙なのに対し、青色用紙を用いるので青色申告という）を行うことをぜひおすすめします。

など青色申告特別控除や青色専従者給与の必要経費への算入などを活用して、所得税の申告の用紙が白色用紙なのに対し、青色用紙を用いるので青色申告（一般個人事業をはじめるに当たっては、税金対策上の特典が認められている青色申告（一般個人の申告の用紙が白色用紙なのに対し、青色用紙を用いるので青色申告という）を行うことをぜひおすすめします。

●会社設立のメリット

会社設立は個人事業と比べ、資本金のほかに、さまざまな煩雑な法的な手続きが要求されますが、設立することのメリットも大きいのです。

① 対外的な信用度が高くなる

日本の商習慣では対外的な取引関係を結ぶ場合、やはり個人では信用度が低くなります。アメリカなどは、個人事業であっても、事業主が本当に面白いアイデアを持ち、

事業化の可能性があれば、比較的簡単に融資してくれますが、日本の場合は、相対的に個人よりも会社組織の方が信用度が高いのです。

② 資金調達がしやすくなる

個人事業の場合、資金の調達は、事業主本人は別として、知人、友人、親戚などからの借金がほとんどで、例えば銀行等からの借入も法人に比べれば困難を伴います。しかし法人なら、有限会社の場合は社員が出資者になれますし、株式会社ならまったくの第三者から出資を募ることもできます。また金融機関からの借入も個人事業の場合よりも多少は有利な面があります。

③ 個人事業に比べて税金が安い

個人事業にかかる税金には、所得税、住民税、事業税の3つがあります。法人の場合も、法人税、法人住民税、法人事業税がかかります。しかし個人事業では収入から必要経費を差し引いた額が事業所得となりますが、事業主本人に給与を支払ったり、それを必要経費とすることはできません。これに対し会社の社長は、会社から給与を受け取り、会社はそれを給与として損金に計上し、しかも社長の給与については給与所得控除を受けることができます。

また、個人事業の場合は累進課税を採用しているので、個人事業の場合は所得税、住民税を合わせた税率は最大50％にもなるのに対し、法人の場合は、支払い時に損金扱いとなる法人事業税、法人税、法人住民税を合わせた実効税率で約41％ですのでに資本金1億円以下の会社で年間800万円以下の所得に対しては、さらに税率が低くなる特典もあるのです。

以上、個人か法人かということで主として税金の面で比較してきましたが、規模が小さく、資本金の調達もままならない場合は、とりあえず個人事業としてスタートし、のちに事業が安定してくれば法人にするという方法もあります。

●独立開業者への朗報

資本金1円で会社が設立できる！

現在の経済不況下にあって、サラリーマン、学生、主婦や無職者などの優れたアイデアの事業化を促進するために、経済産業省が音頭をとって、新事業創出促進法を一部改正し、資本金が1円でも株式会社や有限会社を設立することができるようになりました。

これで資本金が調達できなかった個人にも会社設立の道が開けてきたのです。その内容は次の通りです。

① 創業者であること

今まで個人事業主だった人や、会社の代

表権を持った役員などは除外されます。ここでいう創業者とは、今現在、事業を営んではいない個人を対象としています。この確認を受けた日から2カ月以内に新しく会社を設立し、新しい事業計画を持った個人であることが条件となっています。ただし個人事業主であっても、会社役員を辞任すればこの法律でいう創業者の条件に該当します。

②経済産業局への確認申請

これまでの法人設立の手続きにはなかった経済産業局への確認申請が必要になります。ここでいう確認申請とは、「創業者」であることを確認する作業のことです。まず、確認申請は開業する予定の地域を管轄する経済産業局の新規事業課に、指定された書類に必要事項を記入の上、申請します。

ただし、確認申請はまず通常の会社設立の手順を踏んで、定款の認証を公証人役場で受けたあと、はじめて確認申請ができるのです。認証を受けた定款の写しがなければ申請は受け付けてもらえません。

確認申請に必要な期間はだいたい1週間から10日間くらいです。郵送でも受け付けてくれます。

③情報開示義務

この特例が適用された会社のことを「確認株式会社」、「確認有限会社」といいます。

が、これは法令上の呼び名であって、実際には「確認」という呼び名をつける必要はありません。しかしこの会社は、経済産業局に対して、毎営業年度経過3カ月以内にその営業年度の貸借対照表、損益計算書、利益処分案を提出することが義務付けられています。なお、これらについては一般に公開されます。

④特例期間は5年間

特例期間は5年間です。したがって5年以内に有限会社、株式会社として通常の最低資本金額の増資を行わなければなりません。もし増資できない場合は、合資会社や合名会社へ組織変更しなければならなくなるわけですから。しかも法人として解放されるわけですから、なんら変わりなく受けることができるのです。ただし、この特例は2008年までの時限立法です。

詳しくは、最寄りの経済産業局の新規事業課へ相談するかインターネットのサイトでご覧ください。

この特例は、個人でこれから新規事業に挑戦しようとしている人達にとってまたとない朗報でしょう。つまり、会社設立に関する最低資本金の調達の負担から5年間は解放されるわけですから。しかも会社として信用と税制上の特典を通常の法人格でなんら変わりなく受けることができるので。

るか、解散しなければなりません。

POINT 7 ── 従業員やパート、アルバイトの雇用

独立開業に当たって、例えば夫婦二人や親子や兄弟姉妹といった家族労働だけでお店が運営していけるなら理想的でしょうが、現実はそうはいきません。どうしても他人の労働力に依存しなければやっていけないのが現実です。かといって、これからの経営が安定するかどうかも分からないわけですから、正規の従業員を毎月支払っていけるのかという大きな不安が残ります。そこでこの悩みを解決するのが、パートタイマーやアルバイトの存在です。

●パート、アルバイトの募集方法

ここでは、独立開業に当たって正規の従業員をいきなり雇うのではなく、時給で働いていただけるパート、アルバイトさんに助けてもらうことをおすすめします。

パート、アルバイト（以下P／Aとする）を募集する最低限の必要条件は、時給が地域の相場に合ったものでなければならない、ということです。地域の平均的な相場を決めているのは、その地域にある大手量販店の相場を参考にするといいでしょう。

表7　パートタイマー、アルバイトの雇用契約書見本

株式会社　　　　（以下甲という）と　　　　（以下乙という）とは次の条件により労働契約を締結する。				
雇用期間	年　　月　　日から　　年　　月　　日まで				
勤務場所					
職種					
勤務時間	2週間前に提示するワークスケジュール表によって決定する				
休憩時間	交替制で　　　　　時間とする （食事休憩は30分）				
勤務日	月　火　水　木　金　土　日　のうち週当たり　　日〜　　日 2週間前に提示するワークスケジュール表によって決定する				
賃金 (時給)	本給	1時間につき　　　　　円		1時間につき 　　　円	合計時給 　　　円
	精勤手当	1時間につき　　　　　円			
	職能手当	○○○手当　　　　　円			
		○○○手当　　　　　円			
		○○○手当　　　　　円			
	所定外労働等に対する割増率	所定外	法定超（　　％）		
			所定超（　　％）		
		休日	法定休日（　　％）		
			深夜　　（　　％）		
			法定外休日（　　％）		
	賃金締切日	月　　　　日			
	賃金支払日	月　　　　日			
通勤手当	通勤距離直線で3km以上、1日につき270円を支給する				
その他					

ところで、自分の店には少しでもよい人が来てもらいたいと思えば、平均的な相場よりも20〜30円高めにするといいでしょう。それからP／Aの通勤時間ですが、各種の調査結果では、全体の60％が15分以内、75％が30分となっており、募集のときはそのことを念頭においておくべきでしょう。募集方法ですが、次の5つの方法があります。

① 求人情報誌
若年層の読者が多く、駅売りやコンビニには必ず置いてある。料金は縦2.5cm、横6cmサイズで4、5万円。原稿は業者が作成してくれる。

② 地域への新聞折り込み求人案内
自分の店の周辺をカバーしてくれる。情報誌が若年層主力なのに対し、主婦層が圧倒的に多い。料金は縦6cm、横11cmサイズ

で4、5万円。

③ 自店で広告をする
範囲は狭くなるが、応募者は実際に自分の店を見て応募してくるので、志望度合いが高くなる。

④ 学校への掲示
学生が主力。申し込みは学校指定の求人票に記入の上提出。料金は無料で期間は1週間、延長もできる。

⑤ 駅の掲示板に求人広告を貼る
年齢を問わず幅広い求人が可能。駅に直接申し込む。料金はB4サイズで、1週間9000〜1万2000円程度。
※金額の目安は首都圏を想定しています。

●雇用契約書の作り方

P／Aの雇用に関しては、労働基準法の「短時間労働者の雇用管理の改善等に関する法律第6条」によって定められています。その主な内容は、雇用期間、勤務時間、休憩時間、賃金などの規定を「雇用通知書」として作成しておくことが義務付けられています。

この雇用通知書に基づいて作成したのが、表7の雇用契約書です。なお、独立開業の場合はめったにないことですが、P／Aを含め常時10人以上の従業員を雇用している事業所では、別に就業規則を作成することが必要です。

なお、この契約書は必要最低限のことですから、ほかに6カ月以上勤務し、出勤率が8割以上の者に対しては有給休暇を与える規定や昇給、賞与等の規定も、お店独自に作成しておくとよいでしょう。

MEMO